Problématiques
autour de l'émergence numérique
du Cameroun à l'horizon 2025

Collection « Études africaines »

dirigée par Denis Pryen et son équipe

Forte de plus de mille titres publiés à ce jour, la collection « Études africaines » fait peau neuve. Elle présentera toujours les essais généraux qui ont fait son succès, mais se déclinera désormais également par séries thématiques : droit, économie, politique, sociologie, etc.

Dernières parutions

Martial JEUGUE DOUNGUE, La garantie des droits fondamentaux au Cameroun, 2017.

Mamadou Billo BARRY, *Gouvernance et coopération internationale en éducation, Le cas de la Guinée*, 2017.

Christine THÉODORE, *Objets d'initiation. Rencontre avec un chasseur dozo. Échanges d'objets d'initiation et modifications des interactions*, 2017.

Pierre GIGUÈRE, *L'accès à l'habitat dans l'Afrique des villes. Un toit pour l'Afrique*, 2017.

Daniel MULENDA LOMENA EMAMBA, *La gestion de l'intégration des entreprises par la préservation des écosystèmes naturels*, 2017.

Christelle BELPORO, *La responsabilité des entreprises multinationales pour les violations des droits de l'homme en Afrique*, 2017.

Jean-François NGANDU KAMUNGA, *Les baluba d'hier et d'aujourd'hui, permanences, ruptures, transformations et extinctions des traditions africaines*, 2017.

Firmin AHOUA, Benjamin OHI ELUGBE, *Typologie et documentation des langues en Afrique de l'Ouest*, 2017.

Alphonse MAKENGO NKUTU, *Les partis politiques de la République démocratique du Congo. Analyse faite à partir de différents textes légaux portant organisation et fonctionnement des partis politiques (1990 à nos jours)*, 2017.

Pierre-Flambeau NGAYAP, *Le droit parlementaire au Cameroun*, 2017.

Hygin Ignace AMBOULOU, *Code des investissements et des activités économiques. Première édition*, 2017.

Hygin Ignace AMBOULOU, *Traité de fiscalité des entreprises. Première édition*, 2017.

Guillaume Paul MOUTÉ

Problématiques autour de l'émergence numérique du Cameroun à l'horizon 2025

L'Harmattan

5-7, rue de l'Ecole-Polytechnique, 75005 Paris

http://www.editions-harmattan.fr

ISBN : 978-2-343-10868-1
EAN : 9782343108681

DEDICACE

A

MARCEL NYAMOUTET

Qui n'avait de cesse de nous rappeler la maxime ci-après

"Tout vient à point pour celui qui sait attendre"

"S'il travaille d'arrache- pied pendant qu'il attend"

Et à

Tous les jeunes du Cameroun et d'ailleurs

REMERCIEMENTS

Mes sincères remerciements vont à l'endroit de Cécile MOUTE pour toute l'attention affective dont elle m'a entouré pendant des moments d'hésitation. Que tous mes frères, mes enfants et amis trouvent ici l'expression de ma gratitude pour tous les conseils qu'ils m'ont prodigués. De même, ma profonde gratitude va également à l'endroit de l'éditeur qui a amélioré significativement la présentation de ce premier ouvrage.

PREFACE

La résolution des problématiques en rapport avec l'émergence d'un pays fait le plus souvent appel, à l'élaboration d'une vision stratégique nationale comportant entre autres, la définition des objectifs à atteindre dans le temps ainsi que l'adossement de leurs sources financements.

Par ailleurs, la stratégie de leur mise en œuvre s'exécutant sur le moyen et long terme au travers des processus complexes et variés, nécessite l'exploitation d'un outillage de logiciels prédictifs performants, permettant l'évaluation des niveaux d'exécution atteints et ouvrant la voie aux correctifs éventuels.

S'agissant de celles qui sont intrinsèquement liées à la capacité de mobilisation du potentiel des technologies innovantes du secteur des Télécommunications, pour en faire, un vecteur accélérateur majeur de développement socio-économique, leurs résolutions passent par une prise en compte multisectorielle des besoins à satisfaire.

Le Cameroun, comme l'ensemble des pays de la communauté africaine, a entamé depuis déjà un temps, bon nombre de processus devant le conduire vers son émergence à l'horizon 2035.

Ainsi, des actions ont été prises par le chef de l'Etat visant à doter le secteur des Télécommunications/TIC, d'instruments lui permettant, en raison de son caractère transversal, d'apporter et d'appuyer l'ensemble des autres secteurs d'activités, en leur fournissant, la pleine mesure de son potentiel relevant du progrès technologique.

L'accompagnement de la modernisation des moyens de production des acteurs économiques que cela implique, passe par l'appropriation des technologies innovantes porteuses de développement socio-économique, de nature à conduire vers l'émergence numérique.

Ainsi, la promulgation, de la loi n° 2010/012 du 21 Décembre 2010 relative à la cybersécurité /cybercriminalité et l'élaboration de tous les textes subséquents, celle de la loi n°2010/013 du 21 Décembre 2010 régissant les communications électroniques, modifiée et complétée par la loi n°2015/006 du 20 avril 2015 notamment, témoigne, si besoin est, de cette volonté politique d'aller vers l'émergence du pays de manière inclusive.

Toutefois, d'autres actions devraient venir compléter le plateau technique, à l'instar de la loi sur la dématérialisation des procédures qui devra être une loi de portée générale.

En effet, au regard des cycles de vie des ressources technologiques, marquées en particulier, par l'obsolescence programmée qui caractérise les plateformes déployées dans le secteur, il devient impératif de dynamiser et d'adapter autant que faire se peut, le cadre législatif et réglementaire qui régit l'ensemble des activités du numérique, en ayant à l'esprit, la promotion du développement intégral socio-économique et l'amélioration du cadre de vie des populations.

A ce sujet, force est de relever que la pertinence et la cohérence de certaines dispositions légales en vigueur, peuvent se retrouver en décalage par rapport aux avancées du progrès technique, et de ce fait, entraver le dynamisme des activités des autres secteurs.

Aussi, pensons-nous que leur mise à jour est appelée à devenir une activité permanente, pour que les dispositions juridiques prises dans ce secteur, ne s'inscrivent pas à contre-courant des objectifs de croissance économique du Cameroun.

Dans cette optique, le secteur des Technologies de l'Information, en se mettant à disposition pour accompagner avantageusement l'ensemble des autres secteurs, contribuerait de fort belle manière, à la promotion des conditions favorables de la transformation digitale de l'économie réelle, ce, au travers des outils de production des entités économiques et par l'enracinement sociétal de la culture du numérique.

Pour ce faire, la promotion de Start-up technologiques, dès lors qu'elle se sera inscrite au rang des priorités de la vision stratégique de ce secteur, peut devenir l'occasion d'ouvrir la voie à ce type d'entités pour qu'elles portent le processus d'émergence de l'économie numérique et en accroissent la démocratisation, l'efficience et l'efficacité.

C'est pourquoi, il est clair pour nous que, ces TPE et PME technologiques ont besoin non seulement de bien se structurer pour assurer leur survie, mais surtout, qu'elles ont également besoin de mettre à profit, toute la créativité et l'inventivité qui ont caractérisé leurs managers sous d'autres cieux, leur permettant ainsi, de contribuer à la réduction du chômage des cols blancs et, à l'accroissement de la contribution de ce secteur dans le PIB national.

Dans cette perspective, l'apport de ces Start-up devra se traduire par l'accroissement de la qualité et de la pertinence des contenus locaux, en particulier, à travers la diversification des applications et services innovants ; à l'instar de la vidéo-gaming, des plateformes d'e-Learning, e-commerce, e-Heath ,e-banking, e-agriculture, de cybersécurité proactive, qu'elles auront conçues et développées pour adresser des besoins réels des organisations et des populations.

Il reste que, la problématique de l'accès qualitatif de ces entités au réseau national à fibre optique, doublée de celle de leur accès aux financements domestiques à des loyers d'argent modérés, se posent et interpellent les décideurs.

Par ailleurs, tout cet écosystème numérique ne peut donner la plénitude de son potentiel que si, la régulation de l'ensemble des activités exercées sur les opérateurs est efficace et efficiente ; afin que la qualité des services rendus aux consommateurs finaux, soit de bonne facture et, que les tarifs non prohibitifs s'établissent règles admises par tous.

A ce titre, il nous semble judicieux que les leviers nécessaires pour atteindre ces fins doivent être suffisamment mobilisés.

Ils passent entre autres, par le respect des prescriptions légales et réglementaires par tous les acteurs du secteur, par l'atteinte d'une masse critique des ressources humaines compétentes répondant aux attentes, par des investissements innovants et structurants, par le déploiement et l'accès aux réseaux de communications ubiquitaires et des plateformes utilisant les technologies les plus adaptées au contexte national et sous régional, prenant en compte, les besoins réels des entités et, assurant l'inclusion numérique la plus large possible.

Autre est l'aspect qui a trait à l'exercice d'une concurrence saine entre les opérateurs et la compétitivité attendue entre leurs différentes offres de services rendus aux consommateurs, ce, en vue de l'amélioration du cadre de vie du plus grand nombre.

En effet, éviter autant que faire se peut des positions dominantes sur des segments de marché, en particulier, sur celui des services à valeur ajoutée, peut, contribuer à l'établissement serein des offres tarifaires non prohibitives. Alors, il est ainsi judicieux que toute l'attention soit portée sur la mise en œuvre de telles mesures.

Au final, il devient évident que la contribution attendue du secteur des Télécommunications/TIC pour l'émergence de l'économie numérique au Cameroun, est grande. Ainsi, pour sa réalisation, une plus grande implication et une adhésion entière de tous les acteurs du secteur sont indispensables.

Elles s'apprécieront par l'atteinte d'une offre des opérateurs, du large bande mobile et fixe de l'internet satisfaisante et universellement accessible. La démocratisation de l'offre du Très Haut Débit aux consommateurs est à ce prix.

Somme toute, il en résultera que la bonne qualité des services rendus aux usagers, la diversité des offres de services, leur disponibilité, leur accessibilité, leur inclusion sociétale numérique et l'abordabilité de leurs tarifs, deviendront dans les brefs délais, réalités tangibles ; parce que ces exigences se seront établies en règles et principes acceptés par l'ensemble des opérateurs et des fournisseurs d'accès internet.

A nos yeux, la réalisation de ce minimum d'attentes, constitue des ressorts sur lesquels, l'économie numérique naissante, peut prétendre surfer sur des vagues de développement socio-économique et prendre son envol définitif.

INTRODUCTION

Il y a eu la révolution industrielle qui avait en son temps, charrié ses maigres privilégiés et naturellement son lot de précarité et d'exclus du chemin du développement socio-économique.

Il y a depuis peu, la révolution numérique qui revendique son énorme potentiel de savoir, sa capacité à accompagner le développement socio-économique, et au même moment, à remettre en cause la hiérarchie classique pyramidale des organisations, permettant la génération d'un nouveau type d'énormes richesses financières individuelles ou collectives, sorties de nulle part.

Cette révolution digitale vient également ouvrir la voie à l'émergence, de nouveaux paradigmes de production de services et développement, par accès au savoir, offrant aux pays en voie d'émergence, les possibilités de se saisir d'une seconde opportunité pour sortir du marasme économique, de la misère sociale, d'une situation de savoir technologique resté embryonnaire, de la culture de l'approximation.

Ainsi, la revue de la réalisation du Huitième Objectif du Millénaire pour le Développement intitulé" *Mettre en place un partenariat pour le développement des technologies de l'information et de la communication pour l'application des politiques et des stratégies qui permettent aux jeunes de trouver un travail décent et utile*" constitue à notre entendement, une plateforme à partir de laquelle, peuvent s'élaborer des plans d'auto-emplois et d'actions de réduction de chômage des cols blancs.

A cet effet, la coopération avec le secteur privé, pour faire en sorte que les avantages des technologies, en particulier des technologies de l'information et de la communication, soient accessibles à tous, apparaît comme une voie d'exploration de nature à booster le développement socio-économique des pays en voie d'émergence.

En outre, c'est une invitation adressée à nombres de pays en développement à se doter de cadre législatif et réglementaire, de politiques sectorielles idoines pour nouer et impulser des partenariats comme le dit le slogan "gagnant-gagnant" avec des investisseurs étrangers.

Par ailleurs, dans ce dernier processus, il importe de garder à l'esprit l'intérêt du pays, de manière à ne pas se faire flouer sur la chose achetée, car la philanthropie ne faisant pas partie de ce monde-là, équilibrer des intérêts divergents des acteurs, devient un défi géostratégique à relever.

Ainsi, la politique sectorielle adoptée doit être de nature à permettre, l'appréciation des niveaux de progrès effectués, de la mise en place de la société du numérique dans chaque pays, eu égard au potentiel véhiculé par les TI.

Elle devrait donc concourir à la crédibilisation de l'image des pays concernant le climat des affaires, lorsque ces derniers arrivent à mettre en place les fondements de cette société du numérique, dans la mesure où, celle-ci contribue à l'amélioration de l'attractivité des économies, de la traçabilité des transactions et, surtout, de l'avènement de nouveaux modèles de gestion de la chose publique et des méthodes de travail.

A ce stade, faudrait-il encore ergoter sur l'importance que revêt la mise en place de la société d'information calquée sur le modèle recommandé par les instances internationales, alors qu'elle a été débattue en long et en large pendant des réunions de 2003 et 2005 tenues à Genève au cours desquelles, la communauté internationale a opté pour une vision commune en vue d'édifier "*une société de l'information à dimension humaine, inclusive et privilégiant le développement*".

A cet égard, une Déclaration de principes et un Plan d'actions avaient été adoptés par la communauté internationale et, certains pays en développement se sont suffisamment appropriés ces processus, d'autres, pas encore assez.

Ainsi, au rang des objectifs de ce Plan d'actions, l'objectif 4 ci-après repris, focalisait-il l'attention car, le suivi de son exécution sur un niveau national, était de nature à fournir un minimum d'informations utiles permettant de poser les jalons de la pénétration de la société de l'information dans chaque pays.

Il s'agissait entre autres de :

- Edifier une société de l'information inclusive ;
- Mettre le potentiel du savoir et des TIC au service du développement ;
- Promouvoir l'utilisation de l'information et du savoir pour concrétiser les objectifs de développement définis à l'échelle internationale, notamment les objectifs énoncés dans la Déclaration du Millénaire ;
- Faire face aux nouveaux problèmes que suscite la société de l'information aux niveaux national, régional et international.

En outre, dans le même ordre d'idées, 11 Grandes Orientations du Plan d'actions avaient été arrêtées, leur mise en œuvre dans un pays tendait à éprouver d'une part, la capacité nationale de ce pays à s'approprier le processus de pénétration des TIC et, d'autre part, celle à combler les écarts de développement constatés par rapport à sa stratégie sectorielle.

Ces Orientations étaient déclinées comme suit :

- Le rôle des gouvernements et de toutes les parties prenantes dans la promotion des TIC pour le développement ;
- L'infrastructure de l'information et de la communication fondement essentiel d'une société de l'information inclusive ;
- L'accès à l'information et au savoir ;
- Le renforcement des capacités ;
- L'établissement de la confiance et la sécurité dans l'utilisation des TI ;
- La création d'un environnement propice à la labellisation commune régionale autour de la sécurité pour le Cloud computing et le renforcement de la protection des données à caractère personnelles ;
- Les applications TI et leur apport dans tous les domaines ;
- La diversité et l'identité culturelle, la diversité linguistique et les contenus locaux ;
- L'implication des Média ;
- Les dimensions éthiques de la société de l'information ;
- La coopération internationale et régionale.

C'est dans ce contexte que le Cameroun avait élaboré et adopté en Décembre 2005 sa Stratégie Sectorielle de Développement des Télécommunications/TIC à l'horizon 2015, et par la suite, sa Politique de Développement des Technologies de l'Information et de la Communication en 2008, toutes les deux complémentaires l'une de l'autre.

Leur mise en œuvre visait entre autres, le développement des Infrastructures large bande sécurisées en vue de l'atteinte d'une plus grande connectivité à l'internet.

Cela passe par le biais d'accès démocratisé au réseau backbone, le développement des contenus locaux, la création des emplois et des richesses grâce à l'exploitation efficace et efficiente des TI comme vecteur-accélérateur de la croissance économique du Cameroun.

Le résultat attendu est de porter la contribution du secteur des TI au PIB, à des niveaux de taux significatif.

A ce stade, le rapport diagnostic-évaluation de la mise œuvre de la Stratégie nationale du secteur des Télécommunications/TIC pour la période 2005-2015, a été malheureusement mis sous le boisseau, alors que cela aurait été l'opportunité pour conduire un diagnostic approfondi de l'état des lieux du secteur, afin de dégager des insuffisances des réalisations passées.

Ce diagnostic-évaluation aurait permis également, d'évaluer les impacts sociaux et environnementaux des projets retenus, d'identifier les facteurs de réussite et d'échecs.

Cette démarche aurait permis d'identifier les forces et les faiblesses du secteur, les menaces et les opportunités, au final, d'inventorier les enjeux et les défis à relever, afin d'élaborer une vision plus pragmatique reposant sur des faits réels, pouvant impacter positivement le développement du secteur sur la décade à venir.

De même, par son actualisation, cette approche aurait aussi aidé à corriger les insuffisances relevées des réalisations de la période sus-revue, et permis, sur des bases réalistes et réalisables, l'élaboration d'une version plus réaliste de la stratégie sectorielle de développement des TIC en vue de l'atteinte d'un Cameroun tout numérique à l'horizon 2025.

Cependant, il ne peut être ignoré des efforts faits par les équipes mises en place qui ont peu ou prou, intégré un certain nombre d'observations faites ci-haut lors de l'élaboration de la nouvelle Stratégie mise en chantier depuis 2014 et qui est en cours de finalisation.

Cette dernière, semble-t-il, vise à établir entre autres, une plus grande collaboration entre les secteurs Public/Privé, grâce à la signature de partenariats public/privé dits gagnant-gagnant, en vue de mobiliser des volumes de ressources de financement substantiels pour accompagner le développement des Infrastructures large bande, fondement de l'extension des services multimédias qui nécessitent du Très Haut Débit (THD).

La perspective à brève échéance de sa mise en œuvre, laisse entrevoir, la mise en place du réseau virtuel interministériel et territorial, pour soutenir la promotion de la Gouvernance électronique à travers des échanges dématérialisés et sécurisés entre, les administrations publiques d'une part et, les entreprises, des banques, la société civile, les universités et, faciliter l'accès des services multimédia aux particuliers d'autre part.

Passer en revue les différentes articulations de la table des matières déclinées en annexe permettra de mesurer les avancées réalisées quant à la mise en œuvre de la société de l'information au Cameroun de 2005 à 2015, de dégager les problématiques inhérentes, d'explorer les apports des orientations préconisées par le "Programme Connect 2020 de l'UIT".

Ainsi, le chapitre I présente quelques notions essentielles utilisées dans l'ouvrage ; le chapitre II fait un diagnostic-analyse de l'état des lieux du secteur, en termes d'infrastructures, des services à valeur ajoutée, de cadre légal et réglementaire et des institutions.

Le chapitre III pose les problématiques stratégiques relevant du secteur en termes de défis à relever, notamment, la disposition d'une vision stratégique qui doit être dynamique et, à mettre en perspective d'ici 2020, afin que la transformation digitale des moyens de production et de l'enracinement sociétal de la culture du numérique soient tangibles.

Le dernier chapitre aborde la problématique de la mise en place de différents instruments devant porter le processus de l'émergence digitale du Cameroun.

Ainsi, avant l'entame proprement dite des problématiques, conviendrait-il de partager la perception de quelques concepts en rapport avec le numérique utilisés dans ce cadre.

Chapitre I
PÉRIMETRE DES NOTIONS UTILISÉES

Par dématérialisation :

Il faut entendre par là, toute opération visant à ce que les documents gérés aujourd'hui sous forme papier le soient demain sous la forme électronique, soit par le biais d'une opération de numérisation, soit par la mise en œuvre du processus de production numérique native des données. Toutefois, le concept de dématérialisation renvoie à deux notions :

- Au procédé de transfert des données d'un original papier sur un support numérique, le plus souvent par le biais d'un scanner ;
- À la production numérique native : le document est créé par des outils informatiques, validé, diffusé et conservé électroniquement, sans le recours au papier, si ce n'est une éventuelle impression pour le confort de la lecture. Cette approche de la dématérialisation a été acceptée, grâce à la reconnaissance de l'écrit électronique au niveau de l'arsenal juridique comme preuve au même titre que le manuscrit.

L'objectif visé par ce processus, est de permettre un accès rapide aux systèmes d'informations, à une diffusion, à un partage, de copie en toute sécurité en même temps qu'une copie de consultation, tandis que le document original est conservé par ailleurs, sur des supports pérennes chez un tiers archiviste agréé.

Cependant, de nombreux projets de numérisation incluent la destruction des documents papiers, soit parce qu'ils n'ont eux-mêmes qu'une valeur de copie, soit parce que la traçabilité de l'opération technique de numérisation permet d'attester la conformité de la copie numérique à l'original

Par économie numérique :

Pour *l'Obervatoire-du-numérique.fr*, l'économie numérique est une expression qui couvre des réalités très différentes selon les auteurs, d'autant que cette dénomination a évolué au cours des années, nouvelles technologies, nouvelle économie, technologies de l'information et de la communication, économie électronique.

Au sens de l'*INSEE* : l'économie numérique est assimilée aux technologies de l'information et de la communication (TIC), et en particulier aux secteurs producteurs.

Selon *l'OCDE et l'INSEE, le* secteur des TIC regroupe les entreprises qui produisent des biens et services supportant le processus de numérisation de l'économie, c'est-à-dire la transformation des informations utilisées ou fournies en informations numériques.

Par ailleurs, l'économie numérique ne se limite pas à un secteur d'activité en particulier. Il convient de prendre en compte l'ensemble des secteurs qui s'appuient sur les TIC, producteurs et utilisateurs pour assurer leur croissance.

Du fait que certains secteurs sont apparus avec le développement technologique et ne recouvrent pas simplement des activités qui utilisent les nouvelles technologies dans le seul but d'accroître leur productivité, le périmètre de ce concept est à élargir.

C'est à ce titre que les acteurs de commerce électronique, des services en ligne sont versés comme acteurs centraux de l'économie numérique.

Figure n°1 : Représentation schématique des acteurs de l'économie numérique

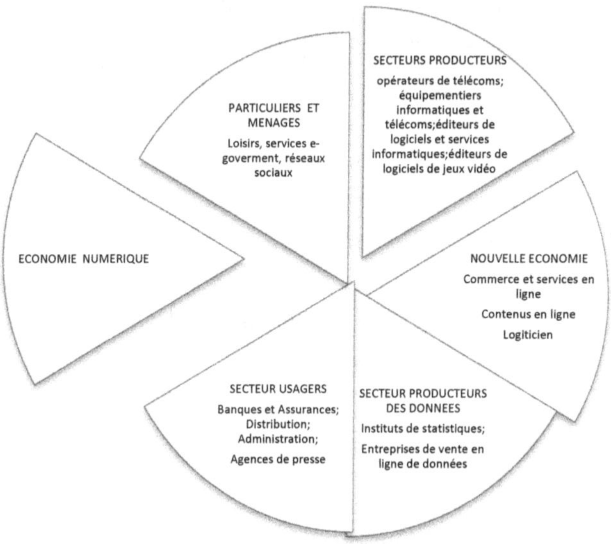

.

Il est à remarquer que cet écosystème de l'économie numérique intègre l'industrie des services des données, regroupée sous le concept "d'Economie guidée par les données", autre vecteur accélérateur de l'économique numérique.

Le concept de l'économie numérique et son développement font référence à l'implication de plusieurs acteurs et de technologies travaillant en symbiose pour réaliser des objectifs clairement définis.

En effet, c'est dans ce contexte que, la miniaturisation des transistors couplée à la montée en puissance de calcul des microprocesseurs et à la vitesse d'horloge en augmentation ont permis aux différents types de terminaux de traiter, d'acheminer et de stocker à des vélocités de plus en plus grandes, d'énormes quantités de données.

Il en a résulté des volumes exponentiels de données relayant aux placards de l'histoire des musées scientifiques, la loi de Gordon Moore, car établissant des capacités de stockage de données jamais atteintes auparavant par l'humanité en des temps si courts.

Ainsi, la place qu'occupent les données dans une économie numérique va aller grandissante.

En effet, les données connaissent depuis peu, un accroissement sans pareil, porté par des technologies du type, Internet des Objets, Intelligence Artificielle, Big Data, Domotique, Robotique, Réalité Augmentée/Virtuelle ...

Au point que, 90% des données d'aujourd'hui disponibles, ont été créées ces deux dernières années.

Alors que l'on parlait il y a peu de temps de giga-octet, on parle maintenant plutôt de téraoctets, de péta-octets, d'exa-octets et même de zetta-octets.

A titre d'illustration, un téraoctet représente par exemple six millions de livres, Un péta-octet représente deux milliards de photos numériques de résolution moyenne, et un zetta-octet représente toutes les informations enregistrées en 2011.

Par ailleurs, en raison de la connectivité grandissante des réseaux de communications électroniques des pays, de la dématérialisation de l'immense savoir mis sur Internet et des échanges qui s'en sont suivis, il est apparu que la lutte contre la pauvreté rampante grâce à l'exploitation efficiente des ressorts de Technologies de l'Informations (TI) est possible.

C'est probablement ce qui a conduit la communauté internationale à la prise de conscience que, la coopération entre les secteurs public et privé est un facteur clé pour "*faire en sorte que les avantages des TI soient accordés à tous*".

C'est dans le contexte qui précède que cette même communauté internationale s'était concertée en vue de la mise en perspective des Objectifs du Millénaire pour le Développement (OMD) à l'horizon 2015.

Il ressort de l'analyse des problématiques rencontrées lors de la mise en œuvre du huitième objectif, que des insuffisances de réalisation dans l'atteinte de la société de l'information peuvent, quand elles sont mises en exergue, servir de prétexte pour appliquer moult correctifs du programme OMD- pays.

Ainsi, l'on observe que nonobstant l'existence des insuffisances relevées dans la réalisation de cet objectif au niveau mondial, des disparités d'un continent à un autre subsistent.

De même, au sein d'un même continent, des retards accusés par bon nombre de pays subsahariens par rapport aux pays Nord africains pour l'atteinte de la majorité des huit objectifs persistent et posent la problématique de la fracture numérique entre pays d'économies comparables.

Une autre fracture numérique est observée au sein d'un même pays entre les villes et les zones rurales.

Toutefois, l'on observe que la communauté internationale quant à elle, s'est déjà positionnée sur une nouvelle rampe de lancement, dite "*Programme de Développement Durable*" à l'horizon 2030, qui porte sur des Objectifs de Développements Durables (ODD) et que par ce biais, l'Afrique est invitée à se repositionner, même sans avoir bouclé ses OMD.

Ici, le propos est, non de passer en revue la totalité des causes de l'atteinte mitigée des huit objectifs du millénaire au Cameroun, mais d'examiner les problématiques qui ont entravé en particulier, la réalisation du huitième objectif et partant, de contribuer à la reformulation de stratégies, de manière à atteindre le tout numérique du Cameroun à l'horizon 2025.

Par écosystème de paiement numérique

Le Premier ministre, Chef du gouvernement du Cameroun avait pris le décret n°2015/3759/PM du 3 Septembre 2015 fixant les modalités d'identification des abonnés et des terminaux, ce, pour faciliter et crédibiliser, entre autres, l’arrivée des portefeuilles électroniques.

La position occupée par les portefeuilles sous forme de Smartphones est due à la plus grande démocratisation de ce terminal à sa facilité à servir de moyens de paiements décentralisés grâce à la mise en œuvre des technologies de proximité et de sécurité incorporer et, surtout, pour sa destination à pallier la faiblesse du taux de bancarisation au Cameroun.

En estimant le taux de pénétration de la téléphonie mobile au 30 Novembre 2015, à environ 84%[1], il est avantageux que, ce soit vers ce support que s'orientent les usagers des services de paiement électronique lorsqu'ils effectuent leurs transactions financières, parce que le taux d'équipement en terminaux informatiques n'arrive pas à décoller du plancher, alors même que le taux de bancarisation est estimé autour de17, 9% en 2014.

Pour ce faire, les abonnés à la téléphonie mobile ont besoin d'un cadre numérique de confiance, afin de basculer leurs transactions financières classiques vers ce mode de paiements, à l'instar de ceux du M-PESA du Kenya, société qui a rencontré un grand succès auprès des populations kenyanes.

Dans la perspective d'utilisation des terminaux d'abonnés au titre de porte-monnaie/ portefeuille électroniques, la Start-up du type Fintech des jeunes diplômés, a besoin que des financements technologiques soient mis en place et accessibles pour soutenir le développement de leurs jeunes entreprises.

C'est dans cet ordre d'idées que le cadre légal et réglementaire en vigueur, se doit d'être régulièrement mis à niveau, pour que l'organisation de ces activités permette une compétition saine, et que celle-ci laisse les forces du marché jouer pleinement, sans que les positions dominantes biaisent la compétition, ni que les tracasseries bureaucratiques et administratives deviennent un frein, afin que la sécurité juridique, cybernétique des transactions soit assurée.

S'agissant particulièrement de l'efficacité des algorithmes mis en jeu, il va de soi que répondre aux normes internationales en la matière afin que la survie sécuritaire de

[1]Internet World statistic 2015-Buddecomm

ces Start-up soit assurée, est une exigence propre à combler les attentes.

C'est ainsi que les transactions électroniques sur des sites d'e-commerce ont besoin de chiffrement fort pour emporter l'adhésion des internautes, quel que soit le pays.

A cet égard, la cryptographie par courbes elliptiques (ECC) qui est un algorithme de chiffrement 64 000 fois plus fort dans sa version 256 bits que le chiffrement RSA de 2048 bits, peut efficacement consolider le cadre de confiance des sites d'e-commerce et booster leur développement.

Côté performance, d'après la société Symantec Verisign, son chiffrement sollicite beaucoup moins les processeurs des serveurs, diminuant ainsi les latences des sites web tout en baissant leurs coûts[2].

Pour ce qui est des terminaux de téléphonie, l'algorithme le plus utilisé de paiement est sans conteste, le NFC.V2, qui d'après l'étude menée par Renaud Lifchitz de British Telecom, reste sa sécurité qui présente un niveau moyen.

Il conclut "qu'il n'y a aucune authentification, aucun chiffrement des données. Celles-ci circuleraient en clair sur les ondes et leur accès par simple clé USB NFC serait possible, ou par un téléphone, même si ce n'est pas l'équipement le plus adapté".

En tout état de cause, que ce reproche susmentionné soit fondé ou pas, l'utilisation des terminaux mobiles pour en faire des portefeuilles électroniques commande d'installer une authentification forte, doublée par les technologies "One Time Passcode", pour assurer la sécurité des transactions financières électroniques critiques.

---

[2]WhitePaper Symantec Complete Web Security, janvier 2016

Leur utilisation nécessite au moins deux facteurs d’authentification pour s'assurer que l'identité des utilisateurs et la vérification des droits accordés aux utilisateurs sont conformes.

Selon l'édition 2015 du World Payments Report, le volume des paiements non-cash augmente plus rapidement que le PIB dans toutes les régions du monde. Le passage du paiement physique au paiement numérique stimule l'innovation et la croissance, mais les paiements non visibles représentent un véritable défi pour les régulateurs et les établissements bancaires.

C'est pourquoi, anticiper les éventuels écueils en vue d'éviter des dérapages, reste l'approche proactive nécessaire à adopter et, une législation appropriée devrait donc être adoptée pour l’organisation et le fonctionnement des activités relevant du paiement numérique.

Des technologies du type "BLOCKCHAIN", basées sur la désintermédiation de tiers de confiance, qui se développent en dehors du secteur bancaire et financier classique, mais qui sont par ailleurs, utilisées par ce secteur d'activités, méritent que la BEAC et toute la chaîne de responsabilité réglementaire accordent une attention à cette nouvelle donne, car elles commencent à être adoptées par bon nombre de banques centrales et institutions financières dans les pays développés.

Ces textes devraient comporter des exigences essentielles à remplir pour exercer les activités de fournisseurs des services de paiement numérique et encadrer les rôles et missions des opérateurs divers. Ainsi, la BEAC pourrait-elle se saisir de la problématique posée par la création de la crypto monnaie, en balisant un périmètre d'activités pour des acteurs de l'écosystème de l'économie numérique services.

Ce périmètre d'activités devra éviter que les positions dominantes ne freinent l'essor des Fintech et autres PME apparentées.

La place des prestataires de sécurité et des tiers archivistes dans la promotion de l'économie numérique n'est pas en reste, non seulement parce qu'ils sont porteurs de gisements d'emplois innovants et créateurs de richesse, mais surtout, en raison de la confiance en le numérique que leurs activités respectives sont censées apporter.

Par indice de développement des TIC

L'indice IDI est composite et comprend 11 indicateurs regroupés en trois sous-indices n'ayant pas tous le même poids. Il est établi annuellement sur une échelle de 1 à 10 depuis 2009 par l'UIT pour la quasi-totalité des pays de l'Union.

Ce qui conduit à se pencher sur les obstacles dressés sur le chemin de l'amélioration de certains indicateurs de l'IDI du Cameroun.

S'agissant de l'indice d'accès numérique du pays (I.A.N), lequel se situait en 2002 à 0,16, et qui avait placé le Cameroun dans le peloton des pays faibles au niveau mondial, soit au rang 158ème/178, il a été abandonné au profit de l'IDI.

L'analyse ci-après porte sur les obstacles qui plombent l'amélioration de l'Indice de Développement des TIC (IDI) pour lequel, les niveaux atteints sont de : 1,98 ; 2,10 ; 2,19 respectivement en 2012, 2014 et 2015, positionnant le pays parmi les 20 mal classés au niveau mondial, aux rangs 142ème/155, 140ème/166 et 147ème/167.

Cette projection des pistes de réflexion vise à proposer des contributions de nature à promouvoir l'émergence digitale à l'horizon 2025 du pays, permettant d'enraciner les processus conduisant d'abord, à la prise de conscience que la donnée a une valeur marchande, et que sa fiabilisation est un impératif qui consolide l'économie de la donnée.

Quant à l'économie collaborative, la double attitude de compétition et de collaboration qui caractérisent ces acteurs est un état d'esprit qu'ils doivent partager.

Ensuite, par la suite, la consolidation des acquis de la première phase, concourent à l'enracinement de l'économie numérique, ce, grâce entre autres, à l'amélioration de l'IDI du pays qui aura ainsi tiré profit de la mise en œuvre judicieuse du potentiel des TI.

In fine, il s'agit de booster l'IDI par des investissements innovants, par le développement d'applications propres aux besoins réels nationaux, de leur mise sur plateformes sécurisées, d'atteinte de la masse critique de compétences techniques et managériales, d'insertion optimale dans les circuits économiques des Start-up performantes, toutes choses au demeurant, qui participent du processus de rattrapage de retards accusés par le secteur des TI.

Sur une approche plus fine, l'IAN est un indice composite de cinq indicateurs qui mesurent dans un pays, la possibilité globale qui est donnée aux particuliers d'avoir accès aux technologies de l'information et de la communication et de les utiliser.

Ainsi, permet-il d'apprécier les progrès réalisés par un pays dans le secteur numérique tant au niveau Infrastructures, accessibilité économique ; éducation ; que qualité et utilisation, en offrant la possibilité d'établir un benchmark le plus large possible avec des pays de même niveau de développement économique.

Quant à l'IDI, il est un indice de 11 indicateurs qui traitent des accès aux TIC (cinq indicateurs), pour des usages (trois indicateurs) et des compétences (trois indicateurs).

Ce dernier indice est né de la collaboration des agences internationales de développement des Nations Unies et l'UIT, qui l'a privilégié depuis 2007 par rapport à l'IAN.

La fiabilité de ses informations au niveau mondial par rapport à la méthode de calcul des prix, notamment pour le large bande internet international avait fait problème.

Il est publié par l'UIT annuellement depuis 2009 et fournit des données de développements des TI d'un grand nombre de pays, sur lesquelles s'appuie notre analyse.

S'agissant particulièrement de la cible 8F du huitième Objectif du Millénaire pour le Développement de 2000, elle constitue l'appréciation première du développement des TIC.

A ce sujet, des progrès substantiels réalisés au Cameroun sont notables, en particulier, en matière de téléphonie cellulaire, pour laquelle, le taux de pénétration du mobile est passé d'environ 1% en 2000, à 60% en 2012, puis de 70% en 2013 à 76 % au dernier trimestre 2014, et enfin, à 84% au 15 Novembre 2015, contre une moyenne de 89% pour les pays en développement en fin 2013.

Cependant, des insuffisances demeurent, à l'instar de l'accès à la téléphonie fixe, dont le taux de pénétration est passé de 0,5% en 2000 à 3,3% puis à 3,6% respectivement en 2011 et 2012, de l'internet et de ses usages, avec un taux de pénétration qui est passé de 5% en 2012, à 6,4% en 2014, puis à 11% en 2015, comparé au 20% en moyenne pour l'internet des pays subsahariens, exceptée la RSA.

Enfin, un taux d'environ 1% pour le mobile large bande contre une moyenne de 24% pour l'Afrique-subsaharienne.

Comme pour marquer un arrêt, le niveau de contribution de ce secteur au PIB, a connu une nette amélioration, passant de moins de 1% en 2000 à 3,9% en 2010 et 5 % en 2014.

Ainsi, il y a lieu de faire remarquer que pour l'appréciation du taux de pénétration mobile pris en compte dans le calcul du sous-indice accès aux TIC de l'IDI, la référence est fixée à 120% au titre de l'année 2015

Et s'agissant du débit de la largeur de la bande internet international, elle est de 962216 bits/s par internaute, équivalant à un peu plus d'un 1/2 payload de E1.

Tableau n°1 : Présentation des sous-indices de l'IDI

Accès aux TIC	Valeur de référence	(%)
1. Nombre d'abonnements au téléphone fixe pour 100 habitants	60	20
2. Nombre d'abonnements au téléphone cellulaire mobile pour 100 habitants	120	20
3. Largeur de bande Internet internationale (bit/s) par internaute	962'216*	20
4. Pourcentage de ménages ayant un ordinateur	100	20
5. Pourcentage de ménages ayant un accès à l'Internet	100	20
Accès aux TIC	Valeur de référence	(%)
6. Nombre d'abonnements au téléphone fixe pour 100 habitants	100	33
7. Nombre d'abonnements au téléphone cellulaire mobile pour 100 habitants	60	33
8. Nombre d'abonnements à la large bande hertzienne pour 100 habitants	100	33
Compétences en matière de TIC		
9. Taux d'alphabétisation des adultes	100	33
10. Taux brut de scolarisation dans le secondaire	100	33
11. Taux brut de scolarisation dans le supérieur	100	33

Note : • Correspond à une valeur log de 5,98, qui a été utilisée au stade de la normalisation. Source : UIT.

Le tableau ci-dessus illustre le poids de chacun de sous indicateur de l'IDI et les niveaux minima recommandés à atteindre par l'ensemble des pays membres de l'Union.

Il va sans dire que des disparités existent et reflètent le niveau d'efforts à réaliser par les pays qui n'ont pas réalisés ces attentes.

Par ailleurs, du fait que l'usage des terminaux individuels prend de l'importance en comparaison avec l'offre d'accès, la compétition entre plusieurs Opérateurs d'intérêt vital renforce l'IDI, car permettant à un individu de s'abonner auprès des opérateurs que ses moyens financiers lui confèrent.

Il en résulte que le taux de lignes attribuées augmente plus vite que le taux de croissance de la population.

Dans la même analyse, bien que les compétences dans les pays n'aient pas atteint le même niveau, chaque pays disposant d'informations fiables peut établir son propre IDI et le comparer à celui déterminé par l'UIT.

Ces valeurs références lui offrent la possibilité de procéder aux ajustements nécessaires en prenant des mesures pour rattraper les insuffisances constatées et mesurer les progrès à réaliser, que cela soit en termes d'investissements d'infrastructures, que cela soit en termes d'ouverture de certains segments de marché à la concurrence, ou enfin que cela soit à certains égards, par rapport aux mesures de scolarisation des populations concernées.

Le tableau qui suit, de source UIT, présente des niveaux d'indice IDI atteint en Afrique subsaharienne en 2015 par un grand nombre de pays

Tableau N°2 : Classement IDI, région Afrique, 2015

Pays	Rang Régional 2015	Rang Mondia l 2015	IDI 2015	Rang Mon dial 2010	IDI 2010	Variation dans le classemen t mondial 2015-2010
Maurice	1	73	5,41	72	4,31	-1
Seychelles	2	87	4,96	81	3,98	-6
Afrique du Sud	3	88	4,90	88	3,65	0
Cabo Verde	4	96	4,62	107	3,14	11
Ghana	5	109	3,90	130	1,98	21
Botswana	6	111	3,82	117	2,86	6
Namibie	7	118	3,41	120	2,63	2
Kenya	8	124	3,02	126	2,09	2
Zimbabwe	9	127	2,90	132	1,97	5
Lesotho	10	128	2,81	141	1,74	13
Sénégal	11	132	2,68	137	1,80	5
Gabon	12	133	2,68	122	2,41	-11
Nigeria	13	134	2,61	133	1,96	-1
Gambie	14	135	2,60	129	1,99	-6
Cote d'Ivoire	15	137	2,51	142	1,74	5
Angola	16	140	2,32	144	1,68	4
Congo (Ré. Du)	17	141	2,27	136	1,83	-5
Mali	18	145	2,22	155	1,46	10
Guinée équatoriale	19	146	2,21	134	1,96	-12
Cameroun	20	147	2,19	149	1,60	2
Ouganda	21	149	2,14	151	1,57	2
Benin	22	151	2,05	147	1,63	-4
Togo	23	152	2,04	145	1,64	-7
Zambie	24	153	2,04	152	1,55	-1
Rwanda	25	154	2,04	154	1,47	0
Liberia	26	155	1,86	161	1,24	6
Tanzanie	27	157	1,82	153	1,54	-4
Mozambique	28	158	1,82	160	1,28	2
Burkina Faso	29	159	1,77	165	1,13	6
Rép. Dém. Du Congo	30	160	1,65	162	1,23	2
Soudan du Sud	31	161	1,63	-	-	-
Guinée-Bissau	32	162	1,61	158	1,33	-4
Malawi	33	163	1,61	159	1,33	-4
Madagascar	34	164	1,51	157	1,34	-7
Ethiopie	35	165	1,45	166	1,07	1
Erythrée	36	166	1,22	164	1,14	-2
Tchad	37	167	1,17	167	0,88	0
Moyenne			2,53		1,89	

Chapitre II
DIAGNOSTIC-ANALYSE DE L'ETAT DES LIEUX DU SECTEUR

2.1 Des infrastructures

Comme le rappelle le Document de Stratégies, de Croissance et d'Emplois (DSCE), " *les infrastructures fournissent le socle essentiel où se bâtissent le développement et la compétitivité de l'économie. Elles réduisent les coûts de production et de transaction, facilitent l'activité, accroissent le volume de production et impulsent le progrès social* ".

2.1.1 Des infrastructures de transport terrestres

Sur la base du diagnostic posé par la seconde stratégie de développement des TIC en cours de finalisation, qui faisait état des insuffisances dans la mise en œuvre du déploiement des infrastructures terrestres large bande au Cameroun durant la décennie 2005-2015, l'on note :

- L'absence de coordination et de stratégie dans le déploiement du câble à fibre optique, et de l'apparition des réseaux non autorisés, dont l'une des conséquences a été de contribuer à faire le lit du développement des communications grises à l'international ;
- La prolifération de nombreux projets développés autour de l'accès haut débit international ;
- L'utilisation pour la couverture des zones rurales de la technologie satellitaire restée le moyen le plus usité, bien

qu'à la fois connaissant un développement marginal et affichant des tarifs d'accès et d'utilisation élevés ; toutes choses dont les corrections peuvent être opérées par la volonté politique et la régulation.

L'analyse qui en est faite, tend à rechercher des éléments d'amélioration de cet état de choses, bien qu'elle ne se dispense pas d'apprécier le niveau et la qualité de réalisation de quelques éléments entrant dans l'infrastructure au sens de la deuxième grande orientation du Plan d'action du SMSI.

C'est ainsi que :

- Du point de vue de l'infrastructure large bande, entre 2007- 2015, 6000 km de fibre optique ont été posés pour le compte de Camtel.
- Le synoptique ci-contre montre le déploiement déjà réalisé et celui projeté de points de présences et nœuds sur le triangle national. Il affiche aussi la volonté des décideurs à interconnecter le réseau backbone national aux réseaux des pays limitrophes.

Figure n°2 : Planification du déploiement de la F.O

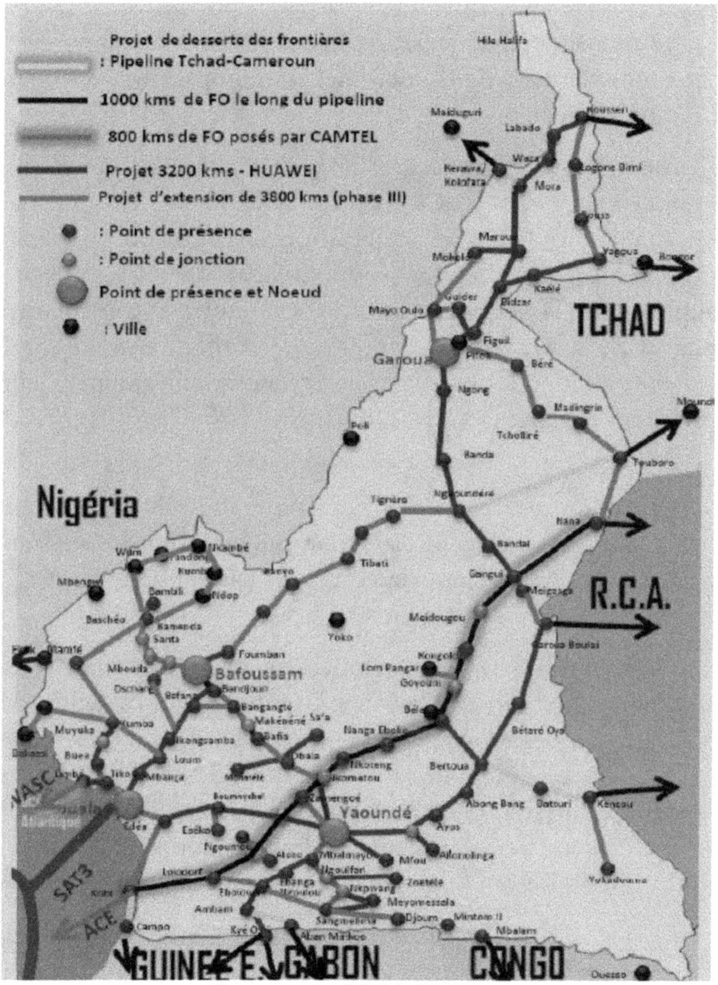

Source : MINPOSTEL

Son déploiement visait à connecter l'ensemble des chefs-lieux des régions et des départements, ceci étant par ailleurs, l'un des objectifs majeurs de la précédente stratégie sectorielle qui est en passe d'être atteint.

Reste que s'effectue le déploiement dans les chefs-lieux d'arrondissement dans des délais compatibles avec les besoins des localités.

Alors, ergoter sur la qualité non certifiée de cette fibre optique au sens des recommandations des normes internationales comme certains opérateurs l'ont prétendu pour refuser d'acquérir à un moment donné, des capacités auprès de l'opérateur historique, pourrait logiquement relever de la stratégie de conquête de parts de marché ou de la volonté de ces autres opérateurs, à développer leurs propres réseaux pour s'affranchir de l'exclusivité de CAMTEL.

S'agissant intrinsèquement des reproches, ils peuvent être levés simplement, en réalisant un audit de conformité aux normes du déploiement de ce réseau national, de manière à mettre fin à cette polémique.

Dans une autre perspective, le réglementeur et le régulateur gagneraient d'ailleurs à renforcer les capacités des sous-traitants nationaux afin d'asseoir des compétences avérées nationales pour la certification des réseaux à fibre optique, et par là, contribuer aussi à la mise en place de la masse critique des compétences dont ce domaine d'activités innovantes a besoin pour jouer tout son rôle.

Cela passe de ce fait, par l'implémentation d'un laboratoire de références internationales pouvant couvrir tous les besoins du secteur et la disposition des compétences spécifiques nationales pour l'animer.

Par ailleurs, constant que la totalité du financement de ces déploiements a été assuré par l'Etat, l'on peut se questionner sur la prise en compte des critères de retour sur investissements, car leur absence peut engendrer une attitude négative, qui du reste, est de nature à installer une culture de la facilité et d'absence de résultats chez tout bénéficiaire de tels financements.

En outre, le transfert patrimonial du backbone de 12 paires de fibre du pipe-line Doba-Kribi de 968 km s'étant effectué sous forme de rétrocession de l'Etat à l'opérateur historique, l'on pourrait s'attendre que la tutelle exerçât plus qu'un simple droit de regard et dût instruire des objectifs de rentabilisation clairs et précis à atteindre dans le temps par ce projet et, naturellement évaluables à dates.

Pour son extension territoriale et, afin d'établir un backbone de rang national, la poursuite des financements s'est opérée tantôt sur emprunts avalisés de l'Etat auprès d'Exim-Bank China, tantôt par mobilisation des ressources sur Fonds Spécial des Télécoms, notamment pour les boucles optiques métropolitaines et autres National Broadband Network (NBN).

La même préoccupation de rentabilité financière de l'ensemble du processus de ce produit ne semble pas avoir accompagné ce déploiement quelquefois, un peu bâclé sur des zones de l'axe Yaoundé-Bafoussam et, c'est à se demander si le marché financier local n'a pas les capacités financières suffisantes pour couvrir ce type de besoin.

S'agissant de l'accessibilité à cette infrastructure, l'on peut dire qu'elle n'est pas inclusive, car le caractère financièrement abordable des tarifs des offres n'est pas assuré, en particulier, en raison de leurs coûts élevés, qui du reste, ne permettent ni un grand accès, ni une grande utilisation à un grand nombre.

Cela demeure particulièrement handicapant pour des Start-up de jeunes qui devraient constituer la base des TPE dans le secteur des communications électroniques.

Concernant un environnement concurrentiel et propice que cette infrastructure était censée apporter en vue de favoriser la pénétration de la société de l'information, cet aspect de chose qui a été abordé juridiquement par la Loi N° 2010/013 du 21 décembre 2010, ne s'est malheureusement pas traduit par une ouverture à la concurrence sur certains segments de marchés.

L'exemple du segment de la revente des capacités devant être porté par d'autres acteurs qui pourraient animer l'intermédiation entre le grossiste CAMTEL et les clients finals, fait défaut, faute à l'absence des dispositions réglementaires explicites et incitatives.

En effet, au regard de l'article 9 et suite de la Loi suscitée, qui dispose que :

- ✓ (1) Peuvent faire l'objet d'une concession, en tout ou partie, à une ou plusieurs personnes morales de droit public ou privé par des conventions fixant notamment les droits et obligations du bénéficiaire de cette concession, les domaines de l'Etat ci-après :
  L'établissement et l'exploitation de réseaux de transport de communications électroniques, y compris l'exploitation des stations d'atterrissement des câbles sous-marins et les téléports vers un ou plusieurs réseaux à satellites".

L'on en vient à constater qu'en tout état de cause, l'esprit des dispositions légales susmentionnées ne semble pas être allé à son terme, car, les droits et obligations inhérents à toute concession accordée à une entité de transport des signaux ou de revente de capacités, n'ont pas fait l'objet d'encadrement réglementaire incitatif de nature à promouvoir la démocratisation des accès massifs au backbone.

Cette carence a freiné l'élan de développement attendu. Sur ce sujet, seule une volonté politique assise sur une vision stratégique claire peut démêler cette inextricable situation dans le but d'augmenter l'accessibilité et la compétitivité de cette infrastructure vitale de l'économie numérique.

Alors, pourquoi se répandre en conjectures comme le font les principaux protagonistes au point que la prise de décision se perd elle-même en sempiternelles discutailleries, sur l'importance ou pas à mettre en place une entité autonome, devant assurer en toute transparence comptable, efficacement et à prix compétitifs, le transport des signaux électroniques ?

L'exemple de la SONATREL (*la société camerounaise des infrastructures de transport d'électricité*) créée pour le transport dans le secteur de l'énergie n'est-il pas suffisamment éloquent ? A-t-on pensé à évaluer le coût et l'impact de la dispersion des ressources qui en résulte sur l'efficience gestionnelle du réseau backbone national à fibre optique.

Par ailleurs, c'est pour éviter d'instaurer d'une part, la compétition entre des entreprises dans le segment de transport des signaux et, d'autre part, de transférer plutôt cette compétition vers le segment de marché des services, qu'en 2007, le Gouvernement camerounais avait lancé une étude conduite par KPMG Afrique centrale visant à doter le pays d'une société d'infrastructure de transmission au bénéfice de l'ensemble des acteurs de l'économie numérique.

L'impulsion et la promotion d'une saine concurrence dans l'ensemble de ce segment n'étaient pas étrangères à cette approche d'organisation de ce segment de marché.

En définitive, il revient que cette étude, qui avait entre autres finalités, de mettre en place, une entité commune autonome de transport, pour l'ensemble des opérateurs à concession et autres FAI, auxquels s'ajouteraient des investisseurs institutionnels privés nationaux et internationaux, seraient invités à participer au montage de la géographie du capital financier de cette entité n'avait pu capitaliser autour d'elle, tout cet aéropage de compétences.

A ce stade, Il semble que cette vision pouvant conduire à la démocratisation optimale de l'utilisation de la fibre optique dans les domiciles, les entreprises, les administrations publiques et permettant les connexions à certains pays enclavés de la CEEAC, comme le préconisait à cet effet, l'exposé ci-après du chef du département ministériel en charge de ces questions, n'ait pas trouvé d'échos favorable.

Afin de situer l'analyse dans le contexte d'alors, la prise de connaissance de cet extrait vaut mieux que tout autre discours à ce sujet[3] :

✓ OPPORTUNITES :

- La construction d'un backbone national à fibre optique qui devra desservir tous les Chefs-lieux d'arrondissement au moins, apportera au terme de sa réalisation, beaucoup d'avantages à notre pays et à son économie.

[3]Extrait de l'Exposé du Ministre d'Etat, Ministre des Postes et télécommunications sur le thème : "Opportunités qu'offre l'utilisation de la fibre optique au Cameroun".

- o La construction du réseau de transport de communications en fibre optique offrira à notre administration, aux opérateurs de télécommunications que sont la CAMTEL, MTN et ORANGE, aux opérateurs de radiodiffusion et de télévision, aux banques, aux grandes entreprises nationales et aux distributeurs des services de télécommunications, les capacités nécessaires pour développer leurs activités dans des conditions sereines.
- o Les investisseurs seront attirés dans notre pays dès lors qu'il offrira les communications de très bonne qualité sur tout le territoire national, ce qui sera le cas avec la construction du backbone national en fibre optique.

En effet, les communications sont vitales pour les entreprises qui doivent communiquer en temps réel avec leur maison mère, leurs partenaires commerciaux, suivre l'évolution des cours en bourse ou faire le commerce en ligne.

✓ Fibre optique :

- o Le développement du secteur des télécommunications connaîtra également une croissance rapide car le blocage technique, dû à l'absence actuelle des capacités de transport des communications pour les opérateurs de télécommunications et les entreprises, sera levé, tandis que la concurrence dans le secteur sera stimulée du fait que tous les opérateurs seront mis sur un même plan d'égalité en matière d'accès aux ressources de transport des communications.

- ✓ INTEGRATION SOUS-REGIONALE ET REGIONALE :

    - o La construction du backbone national à fibre optique favorisera l'intégration sous régionale et régionale, tels que préconisés par le NEPAD. En effet, avec sa réalisation, le segment national du réseau sous régional de télécommunications appelé à favoriser les échanges entre les pays de la sous-région en l'occurrence le Tchad, la République Centrafricaine, le Gabon, la Guinée Equatoriale et les deux Congo, sera effectif.

- ✓ PERSPECTIVES ET PROJECTIONS

    - o Pour réaliser ce réseau de manière économique et efficace, il est nécessaire de créer une société d'infrastructure qui aura la responsabilité de construire et d'exploiter cette infrastructure. C'est pourquoi la création de SITELCAM (*la société des infrastructures de transmissions de communications électroniques du Cameroun*) qui assumera ce rôle revêt pour moi un caractère essentiel. Les études de faisabilités y afférentes montrent la rentabilité de cette entreprise.
    - o SITELCAM donnera à l'Etat le moyen de contrôler les communications internationales et donc de mieux assurer sa sécurité et sa souveraineté, ce qui est observé par ailleurs dans les pays aussi libéraux que les Etats-Unis.
    - o Pour construire cette infrastructure de manière efficace et économique dans notre pays, et compte tenu d'une part de l'évolution technologique et des services, et d'autre part du

principe de la séparation des cœurs du métier de transporteur de celui de la fourniture des services, la création de SITELCAM, qui établit et exploite le réseau national de transport en fibre optique, l'accès satellitaire et les points d'échanges, vise à nous faire tirer les bénéfices de tous les avantages susmentionnés.

- Les missions de CAMTEL seront dans ce cas revues pour permettre à cette société de se consacrer au développement et à la commercialisation des services tout comme les autres opérateurs des télécommunications.
- C'est là, me semble-t-elle la solution qui s'impose pour le développement de l'économie de notre pays à travers celle des télécommunications et TIC[4].

En référence à cet extrait dont l'importance s'avère aujourd'hui d'actualité, il ressort que cette démarche s'inscrivait dans une perspective permettant de remplir les critères attendus par une infrastructure au sens du point n°2 des 11 grandes orientations de la SMSI.

Ces critères qui se déclinent comme suit : Accessibilité ; Caractère financièrement abordable ; Infrastructure réseau large bande ; Inclusion numérique ; Environnement concurrentiel et propice ; Accès ubiquitaire à l'informatique et à la communication, conduisent à l'analyse ci-après :

- L'absence de coordination entre les principaux acteurs du secteur qui a prévalu pendant que CAMTEL déployait la grande partie des 6000 km sur le territoire, est à l'origine du déploiement par

---

[4]Source : MINPOSTEL - NEWS

plusieurs sociétés des tronçons de fibre optique non autorisées.

C'est ainsi que le déploiement de la fibre optique par la société AES-Sonel à hauteur de 650 Km sur la ville et sur l'axe de Douala-Yaoundé, alors que cette dernière société aurait dû se concentrer sur son cœur de métier et offrir l'énergie de bonne facture ;

- L'abordabilité des prix pratiqués par Camtel et les spécificités de la fibre OPGW déployée par AES-SONEL n'ayant pas été prises en compte, l'AES-Sonel a pu bien se targuer de ces carences pour faire valoir sa démarche ;
- Ce cas ayant fait des émules, plusieurs sociétés se sont lancées sur le chemin de déploiements de la fibre optique, ajoutant un plus à la confusion ;
- Pour ce qui est des déploiements de la fibre optique par des opérateurs du secteur sur certains axes routiers, ceux-ci ont fait l'objet de délivrance d'autorisations en respect avec les dispositions réglementaires en la matière, même s'ils ont plutôt milité pour la dispersion des ressources et peu d'efficacité.

Marquant un arrêt, il y a lieu de s'interroger sur les finalités poursuivies par chacun de ces opérateurs. Ce qui conduit à penser que des velléités d'établissement en opérateur ont existé et, pour ce faire, il importe que les décideurs s'appesantissent un instant sur la suite à donner à leurs besoins.

Sachant que les délais de retour sur cet investissement sont relativement courts, il se pourrait qu'il faille envisager l'ouverture du capital, s'il venait à l'idée de créer une entité commune en charge du transport des signaux, aux opérateurs nationaux, quand bien même, cette activité ne participerait pas de leur cœur de métier.

Cette ouverture à la géographie du capital d'un transporteur national est, une autre voie de recours au financement de l'extension du backbone national à fibre optique ; diminuant par ce biais, le recours aux emprunts extérieurs pour financer l'extension d'un réseau du backbone national à rentabilité financière assurée.

In fine, il y a tout lieu de croire que ces opérateurs se sont simplement trompés quant à la procédure à suivre. Car, il s'agissait d'obtenir non une licence mais, de pousser les décideurs à ouvrir un espace à la concurrence permettant la délivrance de concessions supplémentaire pour l'établissement et l'exploitation de réseau national à fibre optique.

N'empêche, c'est là aussi que le gâchis causé par l'absence de coordination est patent, mais, reste qu'il est toujours possible de regrouper les besoins des opérateurs au sein d'un ou deux opérateurs de transport au cas où la taille de ce segment de marché conduirait à supporter un nombre plus important d'opérateurs.

En tout état de cause, il y a lieu de penser qu'à l'avenir, il sera mis en place un cadre de gouvernance partagée pour connaître de ces questions, lequel serait naturellement appelé à s'appuyer sur un schéma directeur national de déploiement de la fibre optique, et lequel aussi, devra allouer des concessions sur la base de la taille de ce segment de marché et de capacités à satisfaire en qualité et quantité les besoins.

Régler cette problématique ne dispense pour autant les décideurs de solutionner la contrainte d'abordabilité des tarifs pratiqués et la disponibilité de l'offre en capacités dans les zones enclavées.

Reste que la régulation devra jouer pleinement son rôle surtout si ce segment s'ouvrait à la concurrence et s'assurer que la comptabilité analytique rendue obligatoire par la loi, s'applique formellement sur les tarifs proposés par n'importe quel opérateur de ce segment de marché.

2.1.2 Des infrastructures de transport terrestres-océans-terrestres

Une fois de plus, sur la base des informations fournies par le document n°4 de synthèse de la stratégie des Télécommunications/TIC en cours d'élaboration depuis 2014 ; il ressort que la liste des points d'atterrissement suivants réalisés sur des zones de contact océaniques permet d'anticiper un accroissement substantiel de la bande passante, en particulier, la bande passante internationale du Cameroun.

La mise en exploitation de ces infrastructures devrait alors être de nature accélérer la mise en œuvre de nouveaux services tels que les contenus locaux exportables et le télétravail à l'international ; à condition que la question récurrente de la pratique des prix élevés soit réglée.

Promouvoir localement l'implémentation massive des services multimédias nouveaux tournés vers la satisfaction des besoins sous régionaux, à l'instar de ceux offerts par l'Internet des objets, la domotique, le Cloud hybride, le Big Data, est un challenge que des Start-up dont la flexibilité dans le fonctionnement et l'organisation répondent aux critères de souplesse en la matière peuvent relever.

En outre, le développement de ces services doit pouvoir bénéficier du potentiel qu'ont ces entités nouvelles pour générer de l'auto-emploi car pouvant tirer profit du potentiel que recèlent les TI.

Dans le cadre de l'élaboration d'une Politique de démocratisation des services innovants, ces derniers services devraient figurer en pole position, de manière à adresser les besoins nationaux et sous régionaux.

Au rang de nouvelles entités permettant à l'économie numérique de s'enraciner, les Fintech, qui exploitent la combinaison technologies et ingénierie financière, ouvrent les possibilités de mise en œuvre de nombreuses applications du monde de la banque et de la finance à des coûts inférieurs et qualité équivalente.

C'est ici l'occasion de favoriser le rapprochement de nombreuses compétences de la diaspora et celles des jeunes du pays pour développer ce type PME afin que des applications, des services et des contenus locaux dont le pays a besoin pour véritablement entrer dans le concert des pays qui exportent des services innovants.

2.1.3 Points d'atterrissement :

SAT3 :

- 20 Gbps de capacité (231 E1, 3 E3, 40 STM1, 4+4 STM4) pour le Cameroun parmi les 340 Gbps disponibles ;
- Coûts élevés : $3287 /E1 vs. $450/E1 à Lagos et $250/E1 en Afrique de l'Est ;

WACS (partenariat avec MTN Cameroon) :

- Quatre paires de fibres et 14.530 km de longueur, capacité de transmission de 5,2 Térabits/s utilisant des longueurs d'ondes de 40G ;

- MoU signé avec l'Etat du Cameroun le 29 juin 2012 ;
- Le Cameroun a payé 12 milliards de FCFA (25 millions USD) pour l'affiliation au consortium WASC et 2 113 794 068 FCFA pour le rachat du point d'atterrissement WASC de Limbé ; Signature le 21 Juillet 2014 de la Convention de rétrocession du point d'atterrissement du WASC à l'Etat du Cameroun.

ACE (partenariat avec Orange Cameroon) :

- Câble en fibres optiques de 17000 km de long, capacité maximale de 5,12 Térabit/s (capacité initiale 200 Gbit/s sur le segment 1, 160 Gbit/s sur les segments 2 et 3) ;
- Mou signé entre l'Etat du Cameroun et Orange France, le 06 juillet 2013 ;

Main One :

- Câble en fibre optiques de 17000 km de long, capacité de 1,92 Térabit/s ;

Garantie pour le déploiement sur la côte camerounaise estimée à 37 millions USD (30 millions USD dans le cadre du projet NBN et 7 millions USD dans le cadre du FST[5].

Il va de soi que la multitude des points d'atterrissement mis en place est de nature à contribuer à l'accroissement du taux de pénétration de l'internet très haut débit sur la période 2016-2020 au Cameroun, mais, demeurent encore posées, les problématiques de leur coordination, de leur mise sur le

[5]Source : Stratégie sectorielle des Télécommunications/TIC 2015

marché à des tarifs compétitifs pour l'ensemble des opérateurs et des Start-up.

Figure n° 3 : Divers points d'atterrissement raccordés

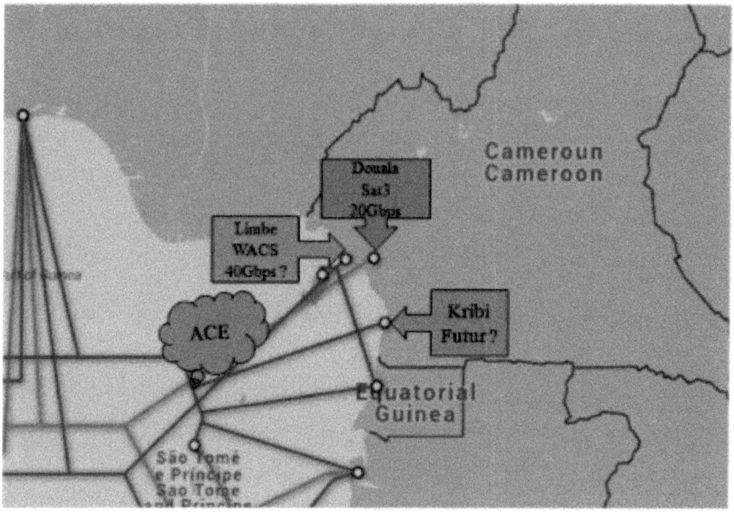

Source : MINPOSTEL

2.1.4 Des infrastructures de transport haut débit mobile

Ce segment de marché a été marqué jusqu'en début 2015 par la présence de l'unique opérateur Viettel dont l'offre était quelque peu restée invisible.

Dès Mars 2015, cet opérateur a été rejoint par les deux opérateurs historiques de téléphonie mobile que sont MTN et Orange Cameroun. Les mois à venir laissent croire que la filiale du quatrième opérateur de téléphonie mobile peut entrer en scène.

Dans ce nouveau contexte, il est fondé d'espérer que :

- Le jeu de la compétition pourrait s'exprimer encore avec plus de clarté au niveau services offerts qui devront être de meilleure qualité ;
- Les forces de ce segment de marché jouant, l'apport d'un transporteur impartial de signaux de communications électroniques respectant les normes internationales peut s'avérer utile.
- Cet opérateur aurait pour mission entre autres, de favoriser l'interopérabilité entre les réseaux d'opérateurs y compris pour les Start-up entrantes de manière à :
  - Assurer en même temps, la mission d'opérateur d'interconnexion pour l'ensemble des opérateurs ;
  - Favoriser la mise en place de la portabilité des numéros appartenant effectivement aux abonnés, en proposant des offres sans discrimination de statut juridique.

A tort ou raison, les deux mastodontes du secteur que sont MTN et ORANGE n'ont pas été sur la décennie écoulée, enclins à faciliter l'accès de leur réseau aux FAI.

Le motif le plus souvent avancé par ces opérateurs, est que ces FAI seraient des opérateurs leur faisant une concurrence déloyale. C'est ce qui expliquerait, que les opérateurs à concession, se soient bornés à mettre en œuvre avec parcimonie, les accords de mutualisation des infrastructures passives entre opérateurs à concession.

En tout état de cause, s'ils venaient à changer de regard, les opérateurs à concession, considérant les FAI comme des opportunités pour le développement de leur chiffre d'affaires, et acceptant de jouer le jeu de l'ouverture en leur étendant lesdits accords, gagneraient sur les économies d'échelles.

Cette situation espérée de compétition dans les services pourrait ainsi, s'enrichir de l'arrivée, d'un autre type d'opérateurs sans réseau propre communément appelé MVNO.

Selon Wikipédia "*En général, un MVNO est une société indépendante de l'opérateur, ce qui lui permet de fixer ses tarifs propres.*

Le MNVO intervient en se concentrant sur des segments de marchés sur lesquels, il développe une activité commerciale qui lui permet d'attirer de nouveaux clients, auparavant plus ou moins servis par les opérateurs traditionnels MNO", il en distingue trois types. Le cas qui nous intéresse est le FULL MVNO.

Ainsi, le "Full MVNO (Opérateur de réseau mobile Virtuel), entité capable d'offrir lui aussi, des services mobiles à une clientèle en toute indépendance, après accord avec les opérateurs disposant de réseau propre, viendrait assainir et éclaircir le brouillard administrativement toléré que constitue le "Call box".

De même, le MVNE (Opérateur de réseau virtuel qui offre des solutions techniques pour le MVNO) rentre dans la même logique de l'auto-emploi et de création d'emplois pour résorber la masse suffisamment importante mais inorganisée des "calls box", qui végètent sans statut juridique, et qui se font arnaquer par des intermédiaires peu scrupuleux.

C'est là que pourrait aussi intervenir l'organisation en opérateurs régionaux des MVNO, pour adresser des besoins liés spécifiquement aux régions.

Dans ce cas, des préalables à lever sont nécessaires, pour que la jeunesse se lance dans une telle aventure :

- ✓ Le cadre légal et réglementaire devra être revu pour intégrer et encadrer ce type d'activités ;
- ✓ Des dispositifs de facilitation d'accès aux financements devront être mis en place pour lever des contraintes de garanties opposables aux Jeunes diplômés de l'enseignement supérieur qui voudront créer des MVNO sous forme de Start-up.

Pour donner de la consistance professionnelle aux personnels de ces Start-up, des séminaires de perfectionnement viendraient conforter l'esprit et la culture d'entreprendre et d'entreprise de ces jeunes managers, de manière à permettre leur insertion dans ce secteur porteur.

Afin de réaliser la reconversion des "*call boxeur*" diplômés, des ressources de financement à taux bonifiés devraient se mettre en place du type *Jeunesse entreprises.*

L'histoire se rappelle au bon souvenir que, les banques classiques ont beau être liquides, elles continuent à garder la frilosité ayant caractérisé le financement de l'économie depuis la fin des années 1980, frilosité d'une part, qui a puisé ses racines dans les montagnes d'impayés dus par des emprunteurs pour le moins indélicats, mourant un jour sous un nom et ressuscitant quelque temps après sous un autre nom.

Par ailleurs, cette frilosité s'entend aussi comme exigences de sureté et de garantie à remplir par tout emprunteur, afin que ces établissements bancaires respectent les différents ratios prudentiels qui leur sont édictés par les gendarmes de la finance et de la banque.

A ce titre, l'Etat pourrait se retourner vers lui-même et mobiliser d'autres ressources financières dans le secteur des télécommunications, permettant de mettre en place une banque dédiée financement des Start-up technologiques.

Cet aspect sera abordé amplement dans le chapitre réservé à cet effet.

Dans une autre perspective, l'Etat qui a déjà mobilisé d'importantes ressources pour former sa jeunesse, notamment, par la création des nouvelles universités publiques, et par le soutien financier qu'il apporte aux institutions universitaires privées, ne saurait se satisfaire des débouchés que prend une bonne frange des jeunes diplômés de l'enseignement supérieur, notamment, en devenant "*call-boxeur*".

Aussi, la problématique de l'emploi et du chômage des cols blancs au Cameroun qui se sont lancés à corps perdu dans la mototaxi/call box pourrait trouver partiellement solution à leur problème d'emploi.

En effet, si l'Etat venait à réorienter l'activité de "*Call Box*" vers le segment de marché de demi- gros et détail de la vente des capacités du secteur des communications électroniques, marché par ailleurs piégé dans un carcan d'inextricables rouages, il devrait être possible de résorber une part significative du chômage des jeunes.

Ainsi, la place prise par "*la bizarrerie fiscale intitulée call box*", et qui a été administrativement tolérée, et sur laquelle, les opérateurs à concession ont fondé partie de leur réseau de partenaires, réduirait l'opacité de brassage d'argent que recouvre cette activité non structurée.

Il deviendrait alors possible que les gains gris générés par ces activités, sortent du maquis et profitent légalement à tous.

Dans cette perspective, des Start-up du type MVNO non seulement permettraient l'auto-emploi de se développer, mais aussi, d'offrir des emplois autres jeunes moins bardés de diplômes qui trouveraient non seulement de quoi faire bouillir la marmite, mais aussi, un cadre d'épanouissement et, paieraient proprement des impôts dus.

2.1.5 Des points d'échange Internet

Il est de notoriété publique que l'établissement en réseau des points d'échange internet (IXP) sur le tronçon national de l'Internet est de nature à promouvoir la fluidité du trafic national commuté dans les réseaux d'opérateurs nationaux, et partant, sur le segment international. Ces IXP permettront en définitive aux ISP, d'offrir des services de bien meilleure qualité aux internautes, ce qui loin d'être le cas en ce moment.

Ce type d'équipement mis en réseau au Cameroun pour le Cameroun et les pays enclavés de la CEMAC, participe de la gestion du trafic national et sous régional ; il a vocation à améliorer significativement la qualité de service du trafic et la sécurité des données acheminées, et permet l'interconnexion des réseaux et l'intégration de la sous-région.

En ce qui concerne les points d'échange Internet en cours de déploiement sur le territoire national, étant destinés à couvrir l'ensemble du territoire et la sous-région CEMAC, il reste que leur exploitation est une affaire du secteur privé.

Dans cette perspective, l'Administration, bien qu'ayant financé l'acquisition de ces IXP, gagnerait à favoriser leur prise en mains par le secteur privé et, pourrait se borner à veiller à ce que l'entrée à cette plateforme soit assurée pour tous et, les charges de fonctionnement équitablement partagées entre lesdits opérateurs, y compris pour les Start-up.

L'importance de disposer de tels équipements propres au Cameroun n'est plus à faire, les récentes affaires d'espionnage qui ont déferlé la chronique et fait la Une des journaux, sont là pour appeler l'attention de tous.

C'est pourquoi, il est très risqué de continuer à laisser les échanges de trafics nationaux s'opérer à l'étranger comme cela a été le cas pendant des années. Il est à souhaiter que l'exploitation de ces équipements s'attache à répondre aux besoins du pays, notamment en matière de sécurité et de fluidité du flux du trafic des données. La gestion consensuelle de la plateforme par tous les opérateurs privés est la règle.

Ces équipements sont donc de nature à diminuer des risques de plusieurs ordres, à apporter un minimum de sécurité pour des données nationales, à développer les échanges entre opérateurs nationaux, à fluidifier le trafic sous régional.

2.1.6 Conclusion sur l'infrastructure

Le réseau du backbone national de fibre optique et son accessibilité sont des préalables pour le développement de la large bande et de tous les services qui vont avec.

Il est clair que la construction de ce réseau a nécessité la mobilisation d'importantes ressources financières.

Sa rentabilisation passe par l'optimisation de son accès, lui subordonné à la mise en œuvre de modèle de commercialisation objectif, notamment, par la pratique de tarifs abordables pour qu'un nombre plus important puisse y accéder.

Le financement des infrastructures d'avenir se pose avec acuité pour les PME camerounaises du secteur des TI, une large réflexion devrait s'ouvrir à l'effet de rechercher comment leur faciliter l'accès aux sources de financement domestiques.

Constatant que, même Camtel, opérateur historique de son état, a eu maille à partir pour lever des fonds sur les marchés financiers internationaux, car sa signature d'emprunteur la limite, cette société a été contrainte à faire recours au seul moyen qui lui restait, c'est-à-dire, l'aval de l'Etat auprès des institutions bancaires, à l'instar d'Exim-Bank China pour financer une grande partie du backbone national à fibre optique.

Compte tenu de cela, il apparaît que la problématique de financement des investissements se pose dans le secteur des TI au Cameroun.

C'est pourquoi, il serait souhaitable d'explorer la piste de créer une banque dédiée aux financements technologiques du secteur par prélèvement des ressources sur le FST et le FSE pour servir de dotation initiale et par la rationalisation de l'utilisation des ressources de divers bailleurs de fonds allouées au secteur.

Bien que le backbone à fibre optique ait soulevé des suspicions liées à la qualité de sa pose et de son déploiement de la part de certains opérateurs du secteur, il reste qu'il est possible de les lever en lançant un appel d'offre international ouvert en vue du recrutement d'un bureau d'études pour la certification de cette fibre, et en finir avec un discrédit qui est préjudiciable à tout le secteur et même au-delà.

En tout état de cause, le backbone national à fibre optique posée par Camtel, est un instrument déterminant pour booster la pénétration des services et applications transmissibles par le large bande.

Cette infrastructure est un cadre idoine d'exercice de la concurrence fondée sur les services entre les opérateurs et non sur le segment de transport.

S'agissant de la concurrence fondée sur l'infrastructure qui aurait pu s'établir ; force est de relever qu'elle aura du mal à prospérer, en raison du coût d'investissement élevé, du fait du génie civil dont le coût peut atteindre les 40% du coût total.

Dans ce cas, il est entendu que ce type de concurrence ne sert pas la sérénité et profite simplement à ceux qui disposent d'un matelas financier épais.

CAMTEL ayant déjà déployé sur une grande partie un tel réseau, il s'agirait plutôt d'examiner les voies de son optimisation pour le compte de tout le secteur et de faire assurer à cette infrastructure le rôle d' intégrateur de l'économie numérique, en examinant les possibilités d'entrée d'autres opérateurs nationaux dans la géographie du capital du transporteur de CAMTEL si cela s'avère indispensable financièrement.

Par ailleurs, le duopole MTN-ORANGE quant à lui, qui avait plus ou moins favorisé une concurrence de façade en jouant sur des promotions tarifaires, somme toute, qui ont contribué peu ou prou, à dégrader la qualité de service rendu aux abonnés finals, ainsi que Viettel, gagneraient à s'ouvrir aux MVNO pour accroître leurs chiffres d'affaires, en faisant un peu de place aux Start-up nationales.

Si rien n'est fait, il est à craindre que la dégradation de la qualité de service de ces réseaux va aller s'aggravant avec la mise en exploitation de l'ensemble des services de 3G+ et générations ultérieures des opérateurs de téléphonie mobile.

Cela est imputable, à l'accroissement exponentiel des abonnés et du trafic intra réseau, d'autant que les fréquences éligibles sont limitées, et la gestion du spectre de fréquence ne privilégiant plutôt que des fréquences au voisinage des fréquences d'or. Il est souhaitable que l'aménagement du haut du spectre soit engagé en vue de dégager d'autres fréquences.

Concluant sur ce constat, il se pourrait que la nécessité d'établir un transporteur neutre, soit la solution. Qu'il fasse partie de la sphère de CAMTEL ou pas.

L'importance est que ce dernier soit doté d'une réelle autonomie de gestion, qu'il soit dédié à la satisfaction de l'ensemble des opérateurs, y compris les FAI et les MVNO, afin de promouvoir l'accès aux capacités au plus grand nombre et, créer les conditions favorables d'une saine concurrence des offres de services entre les opérateurs.

C'est à ce niveau que la Start-up MVNO apparaît de plus en plus comme une réponse pour résoudre les problématiques de position dominante des opérateurs à concession; surtout, lorsque ces derniers s'engagent avec des ressources financières et techniques très importantes, se positionnant sur la quasi-totalité des segments de marchés y compris sur celui des services à valeur ajoutée, laissant à peine la part congrue aux TPE et PME nationales.

Tout compte fait, un transporteur des communications électroniques autonome, peut aussi s'établir comme, cette entité d'économie mixte qui vient résoudre plusieurs problématiques, allant de l'accès équitable, en passant par l'exigence du respect de la qualité de service, jusqu'à l'abordabilité des tarifs, car, renforçant l'action du régulateur que sur un seul acteur de ce segment.

Au final, ce transporteur dont la vocation première est la neutralité vis-vis de l'ensemble des opérateurs, peut également être investi des missions d'opérateur d'interconnexion et, assurer la portabilité des numéros des abonnés.

Dès lors, la mobilisation des ressources humaines et financières de la diaspora et une campagne de sensibilisation en leur direction, devraient s'inscrire comme priorité de l'administration publique pour impulser des synergies entrepreneuriales en faveur des jeunes diplômés de l'intérieur du pays et ceux de la diaspora pour créer des Start-up dans ce marché.

Afin de répondre aux besoins croissant des usagers en services à valeur ajoutée, les contraintes non techniques qui pèsent sur le large bande devraient laisser la place à la créativité et l'ingéniosité des Start-up.

Pour ce faire, l'obligation légale, une fois de plus, faite aux sociétés du secteur d'instaurer le système de comptabilité analytique, devra être appelée à pleinement jouer pour établir la vérité de ces tarifs et, permettre un plus grand accès au large bande.

C'est à ce niveau que se situent les efforts à consentir, afin que le fleuron de la nation qu'est la jeunesse soit en position de jouer véritablement le rôle qui est le sien, celui de créer des Start-up qui portent l'envol de l'économie numérique et lui servent de phare.

2.2 Des services à valeur ajoutée

Un saut en arrière de six ans donne l'occasion de rappeler que la déclaration de 2010 des membres de la commission large bande de l'UIT adressait déjà une invitation aux leaders mondiaux qui participaient au sommet des OMD, à opter pour une vision politique commune qui aurait des incidences sur la réalisation desdits OMD.

Cette déclaration visait entre autres objectifs, à *"Mettre le large bande à la portée de tous."*

A la Conférence des Plénipotentiaires (PP-14), les Etats membres de l'UIT ont adopté une vision commune intitulée "*Program Connect 2020*" et défini un Programme d'actions mondial pour le secteur des TIC articulé autour de quatre buts et dix et sept cibles afin de faire jouer aux TIC, le rôle de moteur de la croissance et du développement socio-économique.

Au rang de buts, Le "But 2. *Inclusion – Réduire la fracture numérique et mettre le large bande à la portée de tou*s" retient l'attention et figure en pole position des priorités.

Ce but vise à impulser le développement de l'internet grâce au très haut débit de manière inclusive, basé sur l'offre.

Avant toute autre analyse, il importe de s'arrêter de manière succincte sur ce que recouvre la notion du large bande.

"*Le large bande – fondement du développement durable*"

Selon l'UIT, le monde compterait déjà au total presque 3,5 milliards d'abonnements au large bande mobile fin 2015. Selon les analystes du secteur, ce chiffre devrait atteindre 6,5 milliards (abonnements à la 3G/4G/5G) en 2019, ce qui fera du large bande mobile le service TIC ayant la croissance la plus rapide de l'histoire.

2.2.1 Notion du large bande :

Une définition de cette notion ne s'est pas dégagée quand ce vocable a fait son apparition, des pays lui attribuaient des contenus liés aux technologies qu'ils déployaient.

De manière générale, cette notion est liée aux capacités d'acheminement des données volumineuses sur un réseau filaire ou sur un réseau mobile en un délai de temps très court. A ce titre, plusieurs technologies peuvent être installées, à l'instar du" *triple play*".

Pour les membres de la Commission large bande UIT-UNESCO, mise en place en 2010 par le Secrétariat Général des Nations Unies, le large bande est une infrastructure de réseau capable d'acheminer de manière efficace des services convergents par le canal d'un accès à grande capacité de transmission.

Dans leur rapport de 2010, des notions générales telles que la permanence de connexion et la grande capacité de transmission caractérisent un tel réseau.

Aussi, d'une manière générale, les membres de cette commission donne à cette notion, la capacité d'un : "*service internet à être mis à jour instantanément en temps réel, sans que l'utilisateur ait besoin de réinitialiser la connexion au service comme, c'est le cas avec certaines connexions téléphoniques à l'internet.*

La connexion devant avoir un faible taux de latence et permettant de répondre rapidement et d'acheminer un important volume de bits informations par seconde.

En conséquence, le large bande permet d'acheminer simultanément, de la voix, des données et des signaux vidéos."

La notion du large bande telle que sus-présentée est donc une combinaison de la largeur de bande (capacité de transmission) et du nombre de débit par seconde. Cette approche a fait abandonner la référence faite au réseau numérique d'intégration de services dont le débit primaire était de 1,5 à 2 Mbit/s pour lequel le large bande était supérieur et, par ailleurs, depuis 2014, la norme G fast qui a fait son apparition, s'implémente efficacement dans un réseau filaire large bande.

La norme G fast adoptée le 31 Décembre 2014 par les Etats membres de l'UIT, affiche un débit théorique allant jusqu'à 1 Gbit/s sur une distance de 250m du point de distribution au domicile de l'abonné et, permet d'acheminer des grands débits de données.

En effet, cette norme dont la mise en œuvre a été effectuée par certains opérateurs, à l'instar de British Telecom et, dont les performances ont permis d'atteindre des débits de 330 Mbit/s sur une liaison FTTdp, c'est à dire jusqu'au point de distribution en fibre optique, ouvre la voie aux possibilités de développement du multimédia dans les domiciles connectés aux nœuds en fibre optique.

Tableau n°3 : Durée théorique de téléchargement en fonction des débits

Durée théorique du téléchargement de données en ligne pour différents débits de connexion					
Téléchargement	56 kbit/s Réseaux commutés	256 kbit /s	2 Mbit /s	40 Mbit /s	100 Mbit/s
Page web simple (160 kb)	23 secs.	5 secs.	0,64 secs.	0,03 secs.	0,01 secs.
Page d'accueil UIT (750kb)	107 secs.	23 secs.	3 secs.	0,15 secs	0,06 secs.
Musique (5 MB)	12 min.	3 min.	20 secs.	1 secs.	0,4 secs.
Vidéo Clip (20 MB)	8 min.	10 min.	1 min.	4 secs.	1,6 secs.
CD/film médiocre qualité (700 MB	28 h.	6 h.	47 min.	2 min.	56 secs.
DVD/film Haute qualité (4GB)	1 semaine	1,5 jour	4,5 h.	13 min.	5 min

Sur le tableau ci-dessus, il est aisé de saisir et de comprendre la nécessité de mettre en œuvre un réseau large bande du type G fast pour desservir les points à forte demande de bande passante, pour l'ultra-rapidité qui caractérise les téléchargements des fichiers dans un tel réseau.

Ainsi, un DVD/film, haute qualité de 4GB prend une semaine pour être téléchargé sur un réseau commuté de 56Kbit/s ; 1,5 jour en 256Kbit/s, 4,5heures en 2Mbit/s, 13 minutes en 10Mbit/s, 5 minutes en 100Mbit/s, 1 minute 30 seconde en 300Mbit/s, pour un réseau G fast

2.2.2 Du large bande et de la politique d'accès au large bande

"*Le nombre de pays ayant mis en place un programme national en faveur du large bande continue à progresser : à la mi-2015, 148 pays avaient adopté un programme ou une stratégie à l'échelle nationale, et six autres prévoyaient de le faire.* Au total, il reste 42 pays qui n'ont mis en place aucun programme de ce type"[6]

Le constat qui est fait de l'état des lieux du déploiement du large bande au Cameroun, tend à confirmer que le large bande connaît un niveau de pénétration extrêmement bas, due en l'absence de politique en la matière.

Bien que des licences de 3G et 4 G aient été accordées aux trois opérateurs, le taux de pénétration large bande mobile n'arrive pas encore à décoller du plancher, il se situe aux alentours de 1%.

De même, la portion du taux large bande conféré par le réseau filaire, qui pourtant aurait dû bénéficier du déploiement de 6000Km de fibre dans les principales villes, et du déploiement des anneaux métropolitains de Douala et Yaoundé, est réduite à sa portion congrue et demeure ainsi très marginale.

---

[6]Source : la Commission UIT/UNESCO /Parution le 21 septembre 2015

Les raisons avancées tournent essentiellement autour des difficultés liées à l'accessibilité des tarifs qui sont élevés, et au taux d'équipement resté modeste.

Dans le même registre, l'une des raisons de la faiblesse de pénétration serait imputable à l'absence de politique large bande, comme l'indique le rapport de la Commission UIT/UNESCO intitulé "*The State of Broadband 2015*".

Illustration pour le Cameroun[7] :

- Taux de pénétration du large bande 1% réparti comme suit :

*-Fixed Broadband subscriptions per 100: 0, 1%

-Rank 171/175 countries

-Taux de pénétration du large bande mobile : 0,9%

-Taux de pénétration de l'internet en 2015 :11% dont bande étroite : 10%

Annex1 list of National Broadband Policies.

La mise en œuvre du large bande et de son développement exigent d'établir des réseaux ubiquitaires dont l'accès devra être démocratisé par les tarifs et par une disponibilité suffisante permettant d'améliorer le taux de pénétration large bande du pays.

Toutefois, pour une optimisation de leur exploitation, le développement des contenus locaux s'avère une nécessité de premier ordre, de manière à ce que l'amélioration du cadre de vie des usagers et de la gouvernance électronique des organisations du pays, deviennent des principaux bénéficiaires.

---

[7]Sources : * *Rapport de la Commission IUT/ UNESCO 2015 ;

C'est ici que la place prise par les services à valeur ajoutée autre que le large bande montre l'importance à conduire une politique de développement des contenus locaux.

C'est par exemple le cas pour la République populaire de Chine, dont une augmentation de 10% du large bande a induit une augmentation de 2,5% du PIB.

Toutefois, pour le cas du Cameroun, des défis existent, au rang desquels :

- Celui de la transformation digitale des outils de production, et la démocratisation du large bande du mobile et du fixe, permettant une transmission fluide des données des services à valeur ajoutée ;
- La qualité de cette fluidité devant être rendue possible, dès lors que des débits de 14,4 Mbit/s de la 3G ou 2Mbit/s du fixe sont remplacés par des débits de l'ordre de 100Mbit/s de la 3,9G et du G fast ;
- Dans cette perspective, il importe que les opérateurs du mobile cessent de jouer avec les promotions ponctuelles tarifaires qui explosent la qualité de services et s'emploient à offrir de service dont les plans tarifaires sont moins compliqués, répondant aux réels besoins des usagers.

Démocratisant l'offre des tarifs non prohibitifs du très haut débit de l'ordre de 100Mbit/s pour une mobilité élevée et de 1Gbit/s pour une faible mobilité, les opérateurs de téléphonie mobile sont en mesure de satisfaire à coût réduit, les besoins en multimédia des consommateurs qui vont grandissants.

Un autre défi est celui lié non plus simplement au développement des contenus, mais surtout à la capacité à adresser les besoins de l'ensemble, afin de fournir à tout usager, de manière la plus accessible et la plus abordable possible, les services large bande variés pour rencontrer en particulier, les besoins des handicapés et des personnes vulnérables.

A ces quelques défis susmentionnés, peuvent être adossées des pistes de réflexion suivantes :

- S'assurer que le cadre de coordination connaît les problématiques de l'ensemble des acteurs passifs et actifs se rapportant aux tarifs et à la disponibilité pour tous du large bande;
- Accroître l'accès universel jusqu'au consommateur enclavé et vulnérable, pour ce faire, des mécanismes de facilitations d'implantation des Start-up devront être mis en place afin que ces sociétés couvrent les zones enclavées ;
- Développer des contenus locaux, y compris en langues nationales, pour permettre à toutes les couches générationnelles d'avoir droit au chapitre.

Ainsi donc, pourront se développer des services large bande, notamment :

- Le télétravail : le travail à distance, le travail collaboratif en ligne, permettant la réduction des retards au service, des bouchons dans la circulation urbaine et des gaz à effet de serre, la possibilité de contrôle de la présence par la vidéo à domicile, sont quelques avantages qui militent en faveur du recours à cette solution, bénéfique à la fois pour les employeurs et les salariés ;
- Le télé-enseignement : il est établi que cette solution exige du très haut débit pour diffuser des contenus vidéo en temps réel et faire participer les apprenants. Cette solution

présente aussi l'avantage de la flexibilité qu'offre ce type de formation à distance pour des salariés qui peuvent renforcer leurs capacités partout où l'accès est disponible.

Ainsi, ce mode d'enseignement peut devenir un enjeu majeur de compétences professionnelles et de compétitivité des entreprises qui peuvent former leur personnel sans que celui-ci ait à se déplacer.

- La télémédecine : l'offre large bande pourrait venir combler le gap de personnel médical, surtout en zones rurales, voir des personnels spécialisés.

En effet, la télémédecine pour assurer ses missions sociales a besoin du très haut débit afin de répondre aux volumineux besoins en bande passante de certains types d'examens, à l'instar du diagnostic de l'IRM fonctionnelle du cerveau, pour adresser la problématique de santé publique que sont les AVC qui frappent d'hémiplégie un nombre grandissant de la population.

Par ailleurs, des applications telles que le conseil médical, le suivi-évaluation, la formation initiale ou le renforcement des capacités du corps médical et bien d'autres aspects, s'améliorent avec le large bande qui permet d'acheminer des contenus volumineux de données.

L'entrée en scène des applications de nano médecine, est de nature à améliorer l'offre médicale, ce qui permet d'adresser un éventail encore plus large de patients frappés par des maladies chroniques telles que le diabète et l'hypertension artérielle dont les glucomètre et tensiomètre sans fil permettent d'acheminer des informations vers les systèmes d'information du corps médical dans les brefs délais, assurant ainsi des interventions efficaces, améliorant également la carte sanitaire du pays.

Plusieurs services à valeur ajoutée émergent, la place qu'occupe le large bande pour une mise en œuvre efficace de ces services va aller grandissante au fur et à mesure de leur appropriation par les Start-up, parmi ces services :

- ✓ La Streaming Vidéo ;
- ✓ La Vidéophonie ;
- ✓ La TV sur mobile.

Au final, il s'agit d'identifier des besoins et d'adresser convenablement les réponses à donner grâce aux services à valeur ajoutée et, d'ajuster la vitesse de diffusion de la culture d'appropriation des technologies innovantes par les différents acteurs, afin que ce processus d'amélioration de la qualité du cadre de vie des usagers ne soit pas qu'un vain slogan.

- Pour ce faire, restent posées les questions de capacités des décideurs à :
- Mobiliser des ressources financières suffisantes et emporter massivement l'adhésion des ressources humaines compétentes, en particulier, celles de la diaspora pour porter le potentiel véhiculé par les services à valeur en vue de répondre aux besoins des populations ;
- Assurer des investissements structurants porteurs de valeur ajoutée ;
- Développer de manière équilibrée et harmonieuse le large bande sur le territoire national, afin de permettre une plus grande accessibilité soutenue par des tarifs non prohibitifs.
- Booster la pénétration du large bande au Cameroun établi en 2015 à 1%, vers la recommandation du programme Connect 2020 de 50%.

2.3 Du cadre légal et réglementaire

Faisant suite à l'adoption de la Stratégie sectorielle des TI en Décembre 2005 par le Comité interministériel, le Chef de ce département ministériel avait enjoint son Secrétaire Général de faire procéder à l'élaboration de deux lois importantes du secteur.

En Décembre 2010, la Loi N° 2010/012 du 21 Décembre 2010 relative à la Cybersécurité et la Cybercriminalité au Cameroun et la Loi N°2010/013 du 21 Décembre 2010 régissant les communications électroniques au Cameroun étaient promulguées par le Chef de l'Etat.

Il y a lieu de rappeler que la première loi se fixait pour objectif, d'abord, de mettre en place le cadre de confiance numérique visant à booster l'appropriation des nouveaux instruments de lutte contre la Cybercriminalité, ce, afin de promouvoir le développement de nouveaux types de services spécifiques en rapport avec l'exploitation des TI.

Ces activités étaient censées soutenir de manière significative la contribution du secteur à la croissance du PIB. Ensuite, elle visait également à établir une culture de cybersécurité démocratiquement partageable, de manière à permettre une utilisation sereine des nouveaux outils de sécurité par des entreprises, les institutions, les citoyens afin de tirer des avantages procurés par ces technologies nouvelles.

Un autre volet tenait à la mise en œuvre des instruments juridiques permettant d'organiser et d'encadrer la sécurisation des activités de développement des systèmes d'information et des réseaux, afin d'établir la sécurité juridique indispensable, grâce à la pénalisation des délits et crimes cybernétiques inhérents à leur exploitation.

Au final, il s'agissait de mettre en œuvre un substantiel matelas de services innovants et sécurisés afin d'augmenter la richesse du pays et améliorer le cadre de vie des usagers.

En tout état de cause, cette loi devrait également rassurer les investisseurs étrangers quant à la capacité nationale du cyber cadre juridique à face aux risques cybernétiques usuellement rencontrées, de manière à protéger leurs transactions numériques entre le Cameroun et leurs zones d'origine, dans des conditions minimalement acceptables pour les affaires.

En ce qui concerne la seconde loi, elle visait notamment, à consacrer de manière la plus avantageuse possible, la séparation des activités d'orientations stratégiques relevant de la définition politique et de la réglementation, d'avec celles de la régulation du secteur et, de promotion de l'exploitation commerciale de nouveaux services, de manière à faire contribuer encore plus ce secteur au PIB.

Cette loi se destinait à marquer davantage, plus d'ouverture déjà présente dans la précédente loi de 1998, par la compétition des activités exercées par les entreprises au bénéfice de la saine concurrence entre elles, notamment, par la compétitivité des offres de services pour que les usagers s'acquittent des services rendus au juste prix et à la meilleur qualité possible.

En outre, elle visait à consacrer le caractère partenarial essentiel que le gouvernement voulait impulser afin de créer des conditions de croissance de la richesse économique du pays

A ce stade, une brève revue des niveaux de réalisations effectuées par les uns et les autres tendrait à montrer que des efforts substantiels restent encore à fournir.

Pour ce qui est du partenaire public, il a continué d'une part, à se focaliser sur ses missions d'intérêt général, notamment en prenant des textes d'application relevant des deux lois susmentionnées, et d'autre part, à travers ses bras séculiers, à réguler le marché dans tous ses segments, en essayant bon an, mal an à laisser jouer les forces de marché.

Toutefois, restent posées, la capacité à mettre à niveau des dispositions légales en décalage avec l'évolution fulgurante de la cybercriminalité, et surtout, l'appropriation par les différents acteurs, des outils de protection conférés par la Loi N°2010/012 du 21 Décembre 2010 dans la perspective d'assurer et de continuer à entretenir le cadre de confiance numérique initialement induit.

A ce sujet, vient s'ajouter l'indispensable acquisition de la culture de cybersécurité nécessaire devant soutenir le développement tangible des activités qui manquent encore de vigueur et de lisibilité.

S'agissant de la seconde loi régissant les communications électroniques, il y a lieu de relever que sa portée économique est pour le moins, restée dans le clair-obscur, avec des résultats mitigés et, n'a pas eu l'effet d'entrainement attendu en raison, notamment de la faiblesse d'ouverture à la concurrence de certains segments de marché, et de la faiblesse des revenus encaissées par l'Etat lors des cessions des concessions, en se rapportant au potentiel économique du pays.

En outre, si la problématique des tarifs des communications élevés a connu un début de solution en affichant une tendance baissière appréciable, pour ce qui est du segment de la téléphonie mobile, reste que la qualité du service s'y est progressivement dégradée.

La forte croissance du parc des abonnés, de l'usage de quelques services à valeur ajoutée qui ne s'est pas démocratisée et, surtout, le fait que le trafic intra opérateur a pris le pas sur le trafic d'interconnexion, en devenant le moteur du marketing, avec en prime, des promotions tarifaires temporelles à la clé, sont la cause de cette dégradation.

Une seconde problématique continue à tort ou à raison de polluer l'accès aux capacités offertes par la fibre optique, c'est celle du monopole de CAMTEL qui, pour certains, a été souvent pointé du doigt, pour sa qualité de service jugée approximative par certains grands opérateurs et ses prix élevés.

Par ailleurs, la question de l'accès des opérateurs sans réseau propre aux divers réseaux d'opérateurs à concession mérite qu'on lui accorde le temps de la réflexion qu'il faut, car, leur accessibilité aux réseaux est une bonne façon de créer aussi un tissu dense de TPE, donc des emplois.

Au final, il y a lieu de se féliciter du dynamisme impulsé par ces réformes législatives, cependant, des insuffisances demeurent et, des améliorations peuvent être apportées, pour que le numérique serve de levier de croissance économique et d'amélioration du mieux-être des citoyens.

L'analyse qui suit, est un essai d'identification de ces insuffisances relevées au niveau des lois du secteur.

Au rang des insuffisances constatées au niveau de la loi relative à la cybercriminalité/cybersécurité, sans que leur liste soit exhaustive, l'on note :

- Le non prise en compte de la protection des données à caractère personnel des risques dus à l'exploitation de Big Data ;

- Des risques cybernétiques encourus par différents usagers dont l'identification et l'évaluation restent difficiles en raison de la sophistication dynamique des techniques de cybercriminels ;
- Le non spécialisation de juridiction en la matière et du personnel de la magistrature et des OPJ, Gendarmes et policiers pour accroître leur efficacité permettant de tracer des cybers crimes ;
- L'absence de politique nationale de cybersécurité et de certification, et partant, l'absence des politiques de cybersécurité observée chez les organisations publiques et privées ;
- L'absence d'autorités de certification dédiées au secteur privé ;
- L'absence d'une politique nationale de formation de spécialistes pour les autres en matière de cybercriminalité/cybersécurité ;
- L'absence de campagne nationale périodique d'informations et de formation des personnels des institutions et des particuliers ;
- La faiblesse de culture de mise en œuvre des systèmes d'information et des réseaux locaux au sein des institutions ;
- Du fait qu'à l'article 70, le préjudice causé ne mette pas l'accent sur l'indisponibilité des ressources mais plutôt sur la réalisation des services rendus. Par ailleurs, le montant de la pénalité retenue n'obéissant à aucune évaluation assise sur un système rationnel, il est à craindre que la réparation du préjudice causé sur des systèmes d'information ne reflète pas la réalité ;
- L'absence des mécanismes d'investigations permettant de remonter jusqu'au présumé

coupable peut rendre difficile la détermination des responsabilités ;

- L'absence due au fait que l'article 73 n'a pas incorporé les exigences de sécurité pour tout type de terminal, à l'instar des Smartphones, Tablettes et Portable qui participent désormais au processus de paiement numérique.

Au nombre des insuffisances constatées au niveau de la loi régissant les communications électroniques au Cameroun, peuvent être mentionnées de manière non exhaustive :

- L'absence de dispositifs juridiques d'analyse et d'évaluation de position dominante sur les segments du marché des communications électroniques, notamment sur celui des SVA.
- L'absence de prise en compte formelle des "*Mobile Network Virtual Operators*" *(MNVO) ;*
- La fixation règlementaire des seuils des Débits d'Absorption Spécifique (DAS en w/kg) de terminaux de téléphonie mobile semble avoir été faite sans rapport avec des seuils objectifs maximas d'exposition des humains aux radiations ;
- L'absence d'organisme spécialisé pour vérifier le respect de ces maxima d'exposition aux radiations électromagnétiques ;
- L'absence des dispositifs de collecte et de recyclage des D3E fait en sorte que les impacts nocifs causés sur des personnes et à l'environnement pourraient, s'il on ne prend garde, atteindre des proportions inégalées et préjudiciables ;
- L'absence d'institution de veille technologique ;

- L'absence de laboratoire de références permettant l'évaluation de la conformité des équipements aux exigences essentielles de sécurité avant délivrance des attestations d'homologation ;
- Le manque de clarté des procédures juridiques d'ouverture du capital social des opérateurs à majorité étrangers au bénéfice des nationaux, notamment au niveau des mécanismes d'acquisition des actions ;
- L'absence de système permanant d'évaluation de l'efficacité de la gestion des ressources financières du FST et du FSE et d'autres ressources ;
- L'absence d'une banque dédiée aux financements des projets technologiques des Start-up camerounaises ;
- L'absence de politique nationale tarifaire des services offerts par les opérateurs ;
- La non spécialisation des membres du comité interministériel d'attribution des bandes de fréquences rattaché au Minpostel ;
- L'absence d'institution spécialisée pour l'aménagement du spectre des fréquences et de gestion des fréquences ;
- L'absence de dispositifs juridiques d'inclusion des besoins en services adaptés aux divers handicaps, notamment pour les malvoyants et autres malentendants ;
- L'absence de dispositif juridique encadrant les publicités non sollicitées par voie de SMS des opérateurs de téléphonie mobile ;
- L'absence d'encadrement juridique des nuisances sonores, notamment, des seuils de niveau de bruits par rapport à la publicité de rue orchestrée par des

partenaires commerciaux des opérateurs de téléphonie mobile ;
- L'absence de visibilité de choix stratégique pour promouvoir l'économie de la donnée ;
- L'inefficacité d'action et de représentativité des associations de défenses des consommateurs.

Au rang des insuffisances constatées au niveau de la loi régissant le commerce électronique au Cameroun, il peut être évoqué sans être exhaustif :

- L'absence de dispositions sur la dématérialisation des procédures qui viendrait consolider l'exercice des activités de commerce électronique, en particulier, sur l'encadrement des plateformes des sites de production native numérique, d'archivage et de destruction des données, de Smart contrats en ligne ou de tout autre document électronique utilisé aux fins de commerce électronique.
- L'absence au niveau de la même loi, d'encadrement juridique de l'activité de paiements dématérialisés, notamment, en ce qui concerne les dénis dans les transactions électroniques financières, pour le fait que l'exercice de cette activité ne soit pas encore organisé ; en particulier, pour des professionnels dont les profils ne sont pas encore définis, ni les spécifications techniques des plateformes ;
- La faiblesse de sécurisation de rares sites de commerce électronique et l'étroitesse de la culture de sécurité des exploitants de ces sites ;
- L'absence d'un secteur de Logistique organisé autour du commerce électronique et la faiblesse de la sensibilisation des commerçants traditionnels

qui ont du mal à adhérer à cette nouvelle façon de vendre ;

- L'absence de campagnes de sensibilisation encourageant les populations à adhérer à l'achat direct en ligne.

Au terme de l'exercice de diagnostic du cadre législatif, il importe de garder à l'esprit que les activités du secteur de télécommunications/tic font face de plus en plus à l'obsolescence programmée des technologies et des équipements.

C'est pourquoi, il faudrait battre le rappel des lois et règlements du secteur à des courtes périodes pour les questionner sur leur cohérence et leur pertinence par rapport aux avancées technologiques de manière à procéder aux mises à jour adéquates.

Il en est de même des institutions qui sont le creuset où se matérialise le décalage dû aux impacts négatifs de l'obsolescence programmée des logiciels et équipements, surtout, selon que les ressources humaines ne parviennent pas à s'arrimer au train de l'évolution technologique, et n'arrivent pas non plus à développer des compétences idoines en continuant à travailler sur des modèles de travail inadaptés.

Ainsi, la capacité du corpus légal et règlementaire du secteur à intégrer des avancées technologiques au fur et à mesure de leur apparition, conditionne l'enracinement de l'économie numérique, laquelle capacité est de nature à assurer la sécurité juridique escomptée pour attirer les investisseurs, à commencer par la diaspora, immense gisement de compétences, de ressources techniques et financières.

2.4 Des institutions

Le diagnostic-analyse qui suit, va s'appesantir sur l'exercice par les administrations publiques de leurs missions organiques pour le bon fonctionnement du secteur des télécommunications/tic au Cameroun, entendues au sens de l'*INSEE*, comme des institutions dont la fonction principale est de produire des services non marchands.

Sachant qu'elles tirent la majeure partie de leurs ressources à partir des taxes parafiscales et redevances légales.

Cet examen porte sur l'exécution des missions dévolues aux entités dont l'expansion des activités contribue à l'enracinement de la culture numérique et à l'émergence numérique à l'horizon 2025, en permettant par ailleurs, que la transformation digitale attendue des superstructures s'opère à un rythme optimal.

Pour ce faire, l'analyse qui suit, se focalise d'abord sur l'essentiel des missions organiques du Minpostel telles que définies par le Décret n° 2012/512 du12 Novembre 2012 portant organisation du Ministère des Postes et Télécommunications.

Ainsi, est énoncé :

Le Ministère des Postes et Télécommunications est responsable de l'élaboration et de la mise en œuvre de la politique du gouvernement en matière des postes, des télécommunications et des technologies de l'information et de la communication.

A ce titre.

- *il étudie, réalise ou fait réaliser les équipements et infrastructures correspondants aux secteurs des Postes et des Télécommunications*
- *il assure le développement des technologies de l'information et de la communication (TIC) ainsi que des communications électroniques sous toutes leurs formes en liaison avec les administrations concernées* ;
- *il assure la promotion des investissements dans le secteur en liaison avec le Ministère de l'Economie, de la Planification et de l'Aménagement du Territoire et les Organismes concernés ;*
- *il assure ou fait assurer la formation des personnels de son secteur.*

Comme énoncé plus haut, la mission intitulée "*il étudie, réalise ou fait réaliser les équipements et infrastructures correspondants aux secteurs des Postes et des Télécommunications* "conforte ce département ministériel lorsqu'il s'investit dans la recherche des financements extérieurs permettant de financer le backbone et, quand il mobilise les ressources du FST pour le déploiement des anneaux métropolitains à fibre optique des capitales politique et économique.

L'analyse de l'apport attendu s'apprécie sur la période courant de 2016-2020.

Au cours de cette période cruciale, devraient être posés les fondements sur lesquels les actions visant à faire sortir le secteur des mauvais classements, à booster les activités des entreprises, à faire jouer pleinement la régulation se réalisent.

Les actions à mener ont pour but de :

- renforcer les infrastructures large bande ;

- mettre à niveau le cadre légal et règlementaire ;
- mobiliser les ressources financières indispensables ;
- mettre en place la masse critique des compétences ;
- faciliter le développement des Start-up des jeunes diplômés de l'intérieur en synergie avec ceux de la diaspora ; grâce à une politique volontariste et à l'action éminemment importante de la régulation.

Ce, afin de booster le décollage du plancher numérique sur lequel le secteur se trouve encore.

C'est au cours de cette période que devra s'effectuer la transformation digitale des outils de production des institutions par acquisition d'une culture numérique de l'ensemble des acteurs, véritable levier permettant d'amorcer les voies qui conduisent à l'émergence numérique au terme du quinquennat 2021-2025.

Ainsi, sur la base des priorités arrêtées par le Minpostel et, à partir des correctifs des insuffisances relevées du cadre légal, ce département ministériel peut doter le secteur de mécanismes juridiques mis à jour, permettant d'engager un vaste chantier d'investissements d'avenir et d'attirer de nouveaux investisseurs, de rattraper les retards accusés et, de contribuer significativement dans le processus de création des richesses.

Au cours de cette même période, est nécessaire, la mise à niveau des compétences techniques du personnel et du top management afin de consolider et faire porter par les ressources humaines compétentes le processus engagé.

Pour ce faire, des exemples de pays africains ayant réussi ce processus ne sont certes pas légion, mais méritent que l'on s'y attarde.

Cependant, il y a lieu de faire remarquer que ceux d'entre eux qui l'ont réalisé, sont parvenus à nouer des partenariats avec les grands groupes mondiaux du secteur.

A ce sujet, des protocoles d'entente ont été signés avec Microsoft, Cisco, HP pour la mise en place des Centres d'excellence, pour l'acquisition des équipements et des logiciels et le renforcement des capacités des ressources humaines dans les domaines des TI.

Dans le même ordre, ces pays ont par ailleurs noué des partenariats pour le renforcement des capacités dans le domaine de la sécurité des systèmes d'informations des organisations avec des groupes comme Symantec Verisign, Capgémini et certaines universités de Bangalore en Inde.

Le Minpostel peut, comme cela s'est fait dans ces pays africains, jouer ce rôle essentiel pour doter le secteur et bien d'autres, de la masse critique des compétences permettant l'ancrage de la transformation digitale de tout le pays.

Revenant sur l'infrastructure, il y a lieu de se féliciter de l'apport de la coopération avec Huawei et Exim Bank China, qui a permis déjà de déployer 6000Km de fibre optique ; les objectifs étant d'atteindre au moins un linéaire total de 20 000 Km à l'horizon 2020.

Il est simplement souhaité que les futurs déploiements de cette fibre se fassent entièrement en respect des recommandations édictées en matière de normes internationales, afin que, plus jamais, des suspicions ayant pesé sur la qualité de son déploiement ne viennent plus ternir l'apport de cet immense chantier.

Aussi, pour lever définitivement des soupçons qui ont marqué les premiers 6000 km, il semble judicieux que le Minpostel doive engager une fois pour toutes, le processus de leur certification par un cabinet reconnu international commis à cet effet.

Par ailleurs, ce département ministériel pourrait aussi, en raison du potentiel d'efficacité que cela comporte, engager une phase de réorganisation des institutions sous sa tutelle afin d'atteindre une plus grande efficacité de leur action, de l'utilisation des ressources mises à leur disposition et, de l'adéquation du secteur avec les avancées technologiques internationales.

En effet, n'est-il pas admis que celui qui embrasse trop mal étreint. En d'autres termes, un persistent sentiment de dispersion de ressources ressort de l'analyse de l'objet social de certaines entreprises sous sa tutelle, et expliquerait des résultats en demi-teinte obtenus par le secteur, durant ces cinq dernières années, en particulier sur le plan international.

Dans la perspective d'amélioration de ces résultats, des retouches pourraient être menées pour plus d'efficience dans l'exécution des missions.

Plusieurs scénarii peuvent se présenter, deux sont ici analysés.

2.4.1 Maintien du statu quo

Toutes les sociétés sous-tutelle conservent tel quel leur objet social.

Dans ce cas, le Minpostel peut augmenter son droit de regard sur les performances de ces sociétés en définissant des indicateurs de performances à atteindre, des procédures ainsi que des périodes de leur évaluation ; attendre passer deux années pour voir se dessiner les avantages et inconvénients de cette démarche et, tirer les leçons qui s'imposent.

2.4.2 Réaménagement des objets sociaux :

A ce stade, entre en lice la réorganisation qui demande, dextérité dans les actions à engager et concertation des acteurs.

Sur cet aspect, l'approche viserait surtout le recentrage des missions dévolues aux institutions sous-tutelles par rapport aux cœurs de métier socialement compatibles avec les ressources dont elles disposent, afin de réduire la tendance à la dispersion des ressources qui s'est installée.

Ainsi, peuvent faire l'objet de recentrage, les missions de régulation, à l'instar de la double régulation de l'ANTIC qui porte entre autres, à la fois sur les activités de promotion de la pénétration des TIC au Cameroun, et sur celles de sécurisation des systèmes d'information et des réseaux avec en prime, la culture sécuritaire qui devrait en résulter.

En effet, au regard des missions d'un bloc à l'autre, la lisibilité et la visibilité de leur pertinence et de leur cohérence est peu évidente, d'où, l'interpellation sur leur cohabitation.

A l'observation, les faibles taux de pénétration de l'internet des ménages, des entreprises, des institutions publiques et les faibles taux d'équipement en terminaux des mêmes acteurs, qui font que le faible taux de l'IDI du pays le destine à être compté parmi les plus bas du monde, viennent étayer si besoin est, des résultats mitigés obtenus par l'institution qui est en charge sur le terrain, de la promotion des TIC, et, cela est imputable à la dispersion des ressources.

L'on en vient à se demander par quel tour de prestidigitation, cette institution en double régulation, peut arriver à faire donner la réplique nécessaire par les autres organisations publiques, lorsqu'elles auront à faire face à la sophistication des attaques ciblées avancées toujours plus complexes de cybercriminalité qui, au demeurant, font fi des frontières ?

En d'autres termes, comment faire valoir, que les missions d'une institution qui devrait contribuer à l'amélioration d'une partie des indicateurs sur lesquels, est apprécié le progrès de la pénétration de la société de l'information, (cf. IDI du Cameroun) n'ait pas pu redresser déjà les très bas taux de cet IDI.

Comment analyser cet état de faits, lorsque les missions de cette institution dont la vocation première est de partager l'immense responsabilité de promouvoir l'émergence de la culture sécuritaire des organisations, autres Start-up spécialisés en cybersécurité, qui sont destinées à porter le cadre de confiance numérique et à développer des activités de l'économie numérique, continue à impacter si peu?

Comment faire pour que la contribution de cette branche d'activités devienne de plus en plus significative pour que la problématique de sécurisation de l'économie numérique encore balbutiante ne soit un frein à son émergence ?

Au final, dans ce cas d'espèce, la problématique ne serait-elle pas, de comment faire pour que la complexité des attaques des cybercriminels n'affecte pas le processus de transformation digitale de l'économie réelle ? Ce, tout en continuant à assurer la promotion de la pénétration des TI dans les administrations, des universités et autres institutions, ce, en cherchant finalement à améliorer le classement du Cameroun par rapport à son IDI.

2.4.3 Mise en place d'une banque dédiée :

Parvenir à lever des fonds pour le financement des projets, même quand ils sont financièrement rentables auprès des banques de la place, relève pour des jeunes promoteurs, d'un véritable parcours de commando, car, tellement y sont érigées, des embuches pour décrocher le sésame.

Alors, comment les jeunes diplômés peuvent-ils parvenir à accrocher les financements pour leurs projets tant la liasse de garanties à produire et de sûretés à fournir est lourde à porter sur leurs frêles épaules.

Le Centre de Formalité de Création des Entreprises (CFCE) a certes réduit une partie d'obstacles à franchir pour l'obtention de la paperasserie administrative, une banque a même été créée pour des PME généralistes. Mais, le plus difficile restant à venir, c'est à dire, la levée des fonds qui est un véritable parcours de combattants se pose avec acuité pour ce secteur.

De l'apport de 20% du coût total de l'investissement à déposer dans un compte bancaire, à la production des photocopies du titre foncier des parents, en passant par des cautions solidaires des avalistes ou des nantissements, des hypothèques sur les biens des parents.

Le jeune diplômé n'a, en définitive, la possibilité, que de vendre sa langue au chat et, remettre aux calendes grecques son projet, tant les projets dans ce secteur absorbent d'importantes ressources financières.

Il va de soi que les conditions de sûreté exigées par les banques généralistes participent du respect des ratios prudentiels et autre ratio de Mc Donough, d'ailleurs imposés par la réglementation et, ces banques ne sauraient déroger, au risque de voir leur signature abaissée, suite à la non couverture des risques encourus et, des pénalités tomberaient comme un couperet sur leur société.

Aussi logique que cela puisse paraître, il n'en demeure pas moins vrai que le financement des juniores Start-up technologiques se pose avec acuité dans ce secteur, n'est-ce pas là une Lapalissade ?

Dans ce cas, si l'Etat entend faire des Start-up la trame du secteur des TI sur laquelle le développement de l'économie numérique devra prendre son envol, alors, il est bon de procéder autrement, que de laisser le financement de saupoudrage de ces Start-up se faire par des mécanismes de substitution peu efficaces.

Pour ce faire, il lui reviendra donc l'option de mettre en place une structure efficace et innovante de financement qui tienne compte du statut jeune et de la complexité des projets innovants des TI, que les banques non spécialisées auraient du mal à apprécier à leur juste valeur.

C'est à ce niveau qu'une banque orientée financement des projets technologiques des jeunes prend toute sa place, car, disposant de l'expertise avérée et, encline à impacter positivement le lancement et le soutien des Start-up spécialisées et à accompagner leur enracinement dans l'économie numérique.

Dans cette perspective, il s'agirait pour l'Etat de mettre en place un arsenal d'incitations destinées à promouvoir l'entrepreneuriat des jeunes afin d'assurer le montage et la gestion des entreprises, adaptés aux besoins de la Start up du secteur des TI.

A cette fin, il semble avantageux de promouvoir les synergies des compétences jeunes calquées sur les fonctions d'entreprises car, leur permettant de boucler avec plus d'efficacité, des études de faisabilité technique et financière de projets innovants dont ils sont porteurs, d'autant que ces études devront être appréciées selon les règles de l'art par une banque spécialisée en la matière.

Le prélèvement des ressources au titre de la dotation initiale sur les ressources du FST, du FSE et d'autres ressources mises à la disposition du secteur par les bailleurs de fonds, dont les membres n'ont pas l'expertise suffisante pour connaître ce genre de problématique, apparaît comme la voie la plus efficace de nature à répondre aux besoins spécifiques de financement de projets technologiques.

Une fois de plus, la mise à profit de l'expertise de la diaspora et les synergies réalisées avec les jeunes de l'intérieur pour les montages des projets innovants peuvent s'avérer judicieuses.

Reste à instaurer le cadre de réception de la contribution financière et intellectuelle de cette diaspora, contribution qui est un facteur clé de succès de cette donne, pour réduire, non seulement le chômage des cols blancs, mais surtout, pour mettre en œuvre, tous les ressorts de réussite de la transformation numérique sociétale escomptée.

Chapitre III
PROBLEMATIQUES STRATEGIQUES

3.1 Disposer d'une vision stratégique dynamique à mettre en œuvre d'ici l'horizon 2020 :

Telle qu'intitulée, la vision stratégique à mettre en œuvre nécessite d'être reformulée autour des contenus de technologies potentiellement porteuses de développement, à la condition d'opérer des ajustements périodiques en rapport avec des besoins réels des entreprises et de l'administration.

Pour ce faire, les informations fournies par la courbe des innovations Hype du Gartner Group sont d'un réel apport pour bâtir la vision stratégique de l'Administration et des entreprises, surtout pour ceux qui sont en charge de l'actualisation de la stratégie sectorielle.

Le synoptique du Gartner ci-dessous repris, présente les cycles de vie de plusieurs technologies en cinq phases :

- Cette première phase de l'apparition de l'idée au cours de laquelle l'on dispose du prototype du produit, rend la visibilité commerciale incertaine ;
- la seconde phase dite Pic, correspond à celle où les attentes surdimensionnées dues aux campagnes publicitaires ont fait naître beaucoup d'attentes et susciter des interrogations non répondues ;
  Pour des experts en marketing, c'est au cours de cette phase qu'il faut rendre disponible le produit afin de capter une partie de la clientèle.

- La troisième phase dite du creux de la désillusion est celle au cours de laquelle, naît l'espoir immense du marché, et qui se caractérise par une dépression en rapport avec le fait que le produit n'est pas toujours disponible ou n'est pas à la hauteur des attentes escomptées.

L'intérêt diminuant, la société doit décider si elle souhaite continuer à investir pour améliorer le produit afin de satisfaire les premiers consommateurs du marché ou pas. C'est la phase jugée critique pour les Start-up qui paient souvent de leur inexpérience.

- la quatrième phase dite de la lumière, le projet amorçant la phase de développement final, la société commence aussi à mieux cerner les attentes du marché pour lancer les générations du produit à la suite de leur prise en compte.
- la dernière phase dite du Pallier de rentabilité, à ce stade, les experts en marketing avancent que les contours du marché se dessinent en raison de l'utilisation grandissante de la technologie pour laquelle, le modèle de Rodgers définit que, le nombre de personnes adoptant un nouveau produit suit une courbe de Gauss.

Ce n'est qu'à ce stade que la pertinence de l'innovation devient convaincante et rend la rentabilité financière possible.

Le synoptique qui suit, présente l'évolution du cycle de vie de certaines technologies pouvant être exploitées lors du lancement des Start-up du secteur des TI au Cameroun.

Figure n°4 : Hype du Gartner Group

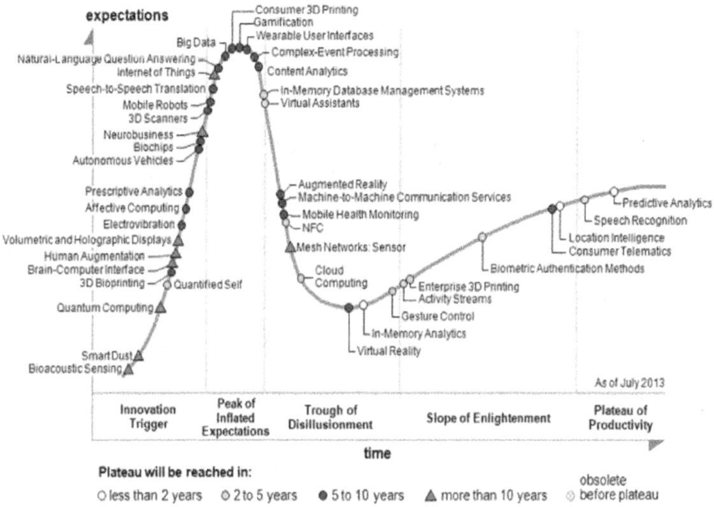

<u>Source</u> : Gartner Group /courbe des innovations 2013

A la lumière de l'évolution des phases, il va sans dire que les technologies innovantes du genre Gartner Group sont susceptibles de faire l'objet d'adaptation technologique en vue du lancement d'activités commerciales des Start-up, à la condition que leur analyse prospective et stratégique soit méthodiquement menée, appropriée au contexte et que la finalité soit la recherche de la satisfaction des besoins convenablement identifiés des cibles.

Ainsi, la vision «*Faire du Cameroun un pays numérique*» s'inscrit-elle dans cette perspective de recherche permanente de technologies pouvant satisfaire les besoins du marché national, voire sous régional.

Lorsque cette vision se donne pour finalités d'améliorer les performances de l'économie réelle, la recherche de la compétitivité des entreprises, la modernisation des outils de production des administrations, la recherche de la satisfaction de la clientèle ; alors, ces finalités s'inscrivent dans la perspective de leur remise en cause permanente, afin que l'adéquation de la demande des produits innovants et performants identifiés et l'offre des différents fournisseurs soit réalisable.

Dans ce cas, les actions menées doivent satisfaire à la fois l'adéquation du renforcement des capacités des ressources humaines et les exigences de l'emploi, la mise à niveau du cadre légal et réglementaire et la nécessité de s'approprier des technologies innovantes.

C'est à cette perspective de développement que des niches industrielles TI vont naître, et, attirer des nouveaux investisseurs privés étrangers.

Faire du secteur des télécommunications/tic un vecteur d'accélération et la locomotive des autres secteurs pour booster le développement socio-économique du Cameroun, grâce aux capacités fournies par l'infrastructure large bande et les services innovants qu'elle achemine, devient un objectif et un enjeu stratégiques majeurs

Ainsi, la réalisation des priorités du secteur des TI à l'horizon 2020 retenues par la stratégie en cours de finalisation ne saurait plus s'inscrire simplement au titre d'objectifs du seul secteur des TI.

Ces priorités deviennent fondement sur lequel, les autres secteurs peuvent s'appuyer pour booster la création de leurs richesses et de la croissance nationale, en raison du caractère transversal de ce secteur.

C'est pourquoi, considérant le plan d'actions prioritaire au titre de la période 2016 2020 du secteur des TI ci-après repris :

- porter la télé densité fixe de 3.60% en 2014 à 20% en 2020 et la télé densité mobile de 78.6% en 2014 à 90% en 2020 ;
- doter 20 000 localités en moyens de télécommunications modernes ;
- fournir le large bande à 50 % de ménages à l'horizon 2020 ;
- parvenir à l'horizon 2020, à des prix des services du large bande inférieurs à 5% du Revenu National Brut (RNB) par habitant ;
- former 5000 ingénieurs des télécommunications et des TIC, 1000 managers en télécommunications et 100 docteurs en TIC pour développer la recherche et pérenniser la formation à l'horizon 2020 ;
- Passer d'un linéaire du réseau national à fibre optique de 6000 km en 2014 à 20 000 km à l'horizon 2020 ;
- Construire un réseau national d'administration en ligne, un réseau national d'enseignement et de recherche, et un réseau de télémédecine en s'appuyant sur le réseau national à fibre optique ;
- multiplier par 50 le nombre d'emplois directs et indirects.

Il est important que celui-ci, soit réaliste dans ses prévisions et ambitieux sur les projets retenus de manière à prendre en compte, non plus seulement ses propres besoins, mais aussi ceux de l'ensemble des opérateurs économiques.

C'est pourquoi, ajuster la formulation de la vision stratégique arrêtée par ce département ministériel à l'horizon 2016-2020 à l'ensemble des besoins nationaux en TI devient une démarche qui coule de source.

S'inspirant du "*Programme Connect 2020*" de la communauté internationale en matière de TI élaboré sous l'égide de l'UIT, il est permis de compléter cette vision.

Ce programme a l'avantage d'être un gisement d'informations bien structurées pour orienter les réajustements nécessaires de la stratégie retenue. Il préconise et vise la mise en œuvre de la société de l'information inclusive.

Ainsi donc, l'approche préconisée tend à faire la promotion des technologies qui concourent à une mise en œuvre glissante de la vision stratégique au cours de la période allant de 2016 à 2020.

Des ajustements peuvent s'opérer aussi à partir 2021 jusqu'à l'horizon 2025, période au terme de laquelle, des projections de l'analyse conduisent à l'émergence numérique de l'économie.

Ainsi énoncée, la vision en chantiers stratégiques s'articule autour de :

- Chantier stratégique 1 : Transformation digitale et dynamique de mise en œuvre des moyens de production de la communauté sociétale
- Chantier stratégique 2 : Démocratisation inclusive de la culture du numérique.

3.1.1 Chantier stratégique 1 - transformation digitale

La transformation numérique des outils de production de l'économie réelle passe par la réalisation d'un bon nombre d'étapes qui font que ce chantier est essentiel.

La première étape prend en compte le cycle de vie, l'obsolescence programmée et la valeur des moyens IT afin de planifier au cours de la période, une transformation efficace du portefeuille des ressources IT.

La formulation de son contenu prend en compte les contraintes et attentes variées des services dématérialisables des administrations, des entreprises privées et parapubliques, des banques/assurances, des universités et autres collectivités territoriales décentralisées.

Ainsi, la transformation numérique concerne toutes les couches actives sociétales, en ce sens que la manière de produire et de rendre service est impactée par la nature de plusieurs facteurs.

Il en de même pour la capacité et la durée de vie des supports sur lesquels sont stockés des contenus, des moyens de paiements.

Pour ce faire, le nécessaire esprit collaboratif des acteurs, le traitement de données, les délais d'exécution des tâches, les formats échangés, la latence de restitution et la sécurisation des informations et tout l'arsenal des applications et logiciels sont des éléments qui vont avec.

Il s'agit là de s'approprier une démarche dynamique et évolutive qui modifie le paradigme traditionnel de travail dans la communauté sociétale, d'où l'interpellation et la nécessaire implication volontariste de tous la chaîne des décideurs.

C'est aussi un appel à une participation active de l'ensemble des forces vives de l'économie qu'est la société civile, afin de contribuer à la mise en place des systèmes collaboratifs de travail, orientés vers la recherche de la satisfaction des besoins de chacun et de tous.

En d'autres termes, il s'agit d'un appel d'adhésion en vue d'une mise en place de l'économie collaborative pour les acteurs économiques de la société, sans se départir pour autant de l'esprit de saine compétition entre les différents opérateurs.

Cette métamorphose culturelle de paradigme de travail pose l'objectif stratégique majeur à atteindre à l'horizon 2025sous la forme de matrice de réalisation, comprenant des actions à mener et à réaliser au cours de la période 2016-2020.

Ainsi, l'objectif majeur de ce chantier se décline comme suit :

- Mise à niveau du Cadre légal et réglementaire ;
- Choix judicieux des Technologies à implémenter ;
- Investissements innovants et structurants à déployer ;
- Sécurité des transactions électroniques à assurer ;
- Masse critique de compétences techniques et managériales à atteindre ;
- Financements entreprises jeunes à mettre en place pour le bénéfice des Start-up.

Il s'agit également là, de créer des conditions optimales pour que les technologies innovantes existantes de par le monde, puissent judicieusement être exploitées par la collectivité nationale.

Cette approche recommande que des compétences nationales en la matière se développent sur l'ensemble des secteurs d'activités économiques, pour accroître significativement l'attractivité et de la compétitivité de l'économie et, ainsi que les performances d'entreprises.

L'exploitation efficace de ces technologies appelle ainsi la migration du modèle traditionnel de travail réactif, vers un paradigme intégratif et proactif de travail, basé sur une mise en œuvre d'un réseau national de plateformes de travail collaboratif, où chaque secteur d'activités, arrive à exploiter en temps réel, les forces et avantages des membres d'un secteur donné et de ceux des secteurs connexes.

Les facteurs clés de succès qui en résultent, sont efficience-efficacité, traçabilité et transparence, partage et compétitivité.

In fine, au plan national, l'on vise la réduction significative de la fraude et de la corruption, l'assainissement du climat des affaires en vue de permettre l'établissement de deux composantes de l'économie réelle que sont l'économie guidée par la donnée de nature à faire circuler de manière sécurisée, l'information fiable et accessible; et l'économie collaborative pour que l'ensemble des acteurs du secteur et d'autres secteurs d'activités soient en mesure de collaborer tout en continuant à compétir.

Ceci étant, l'expression visible du processus de cette métamorphose culturelle de travail pourra se mesurer à l'aune de la capacité de chaque acteur à jouer pleinement le rôle qui est le sien, afin de permettre l'atteinte de l'émergence numérique à l'horizon 2025.

3.1.2 Actions à mener :

Au nombre de six, ces actions se déclinent comme suit :

- Mettre périodiquement à jour le cadre légal et réglementaire pour que les activités innovantes susceptibles d'apporter de la valeur ajoutée à l'économie réelle ne soient pas handicapées par les pesanteurs dues à l'attentisme, dans leur organisation et leur fonctionnement.

- Au point que, le décalage observable entre l'implémentation des technologies innovantes et leur réglementation dans le secteur des TI ne s'oppose pas à la dynamique juridique sécuritaire escomptée ;
- Choisir judicieusement des Technologies à implémenter en se basant sur des référentiels internationalement reconnus sérieux, à l'instar de la courbe des innovations du HYPE de GARTNER, afin de réduire la navigation à vue pendant la phase d'ingénierie des projets, et d'éviter d'implémenter des technologies obsolètes.
- Assurer des investissements innovants et structurants sur la base d'un schéma directeur national élaboré et adopté selon les règles de l'art et axé sur la recherche systémique de la satisfaction des besoins réels nationaux et sous régionaux méthodiquement identifiés ;
- Etablir un réseau national automatisé de plateformes matérielles et logicielles intelligentes, proactives, intégrant l'approche dynamique de la sécurisation des transactions électroniques, dotées des capacités réelles d'anticipation partageables par l'ensemble des utilisateurs pour que l'action ne se perde pas en vains slogans.

Ces plateformes devront prendre aussi en compte la nouvelle donne qui fait que la sécurité périmétrique réactive des modules installés (Firewall, antivirus, spyware, malware, anti spam.) ne suffit plus à faire face aux attaques ciblées avancées et, au vol de données devenu chose courante sur les réseaux.

A ce titre, il importe plus que jamais, d'approcher cette manière de pratiquer la sécurité en la complétant avec des outils d'analyse comportementale des flux de trafic de données. En cela,

- Atteindre une masse critique de compétences techniques et managériales, en encourageant aussi le renforcement des capacités des ressources humaines par l'appropriation d'immenses connaissances contenues dans les normes, surtout en Open Source, les bonnes pratiques internationales et la capitalisation du retour d'investissement des pays qui ont une avance avérée, en s'inscrivant par exemple à des *FABLAB* du genre du *MIT*, devient une priorité.
- Mettre en place une banque orientée financement des projets technologiquement innovants des Start-up.

3.1.2 Chantier stratégique 2

3.1.2.1 Renforcement de la culture numérique

La démocratisation inclusive de la culture du numérique renvoie à la mise en place d'un train de mesures de nature à faciliter, non seulement l'appropriation de connaissances nouvelles pour l'ensemble des acteurs économiques, mais aussi, par l'introduction au niveau des sociétés de tailles petite à moyenne, des conseillers scientifiques.

L'accompagnement dans l'analyse prospective requise pour des questions relevant de la stratégie de survie d'entreprise et des questions d'ordre sécuritaire permet de faire face à un environnement du numérique de plus en plus marqué par la complexité des approches, suite à la diversité des acteurs et la concurrence ; cela devrait rentrer dans des missions à concéder aux conseillers scientifiques.

Cette approche vise à outiller un peu plus les TPE et PME afin qu'elles s'initient à intégrer aussi l'apport de l'innovation technologique, chaque fois que l'analyse technique du marché des TI les interpelle et, surtout, pour la conquête des parts de marchés.

Ainsi, la démocratisation de la culture du numérique passe par la capacité des entreprises et l'administration publique à :

- Repenser le paradigme de conquête de parts de marchés par l'innovation technologique ;
- Mettre en place un organe en charge de la R&D auprès des sociétés de 500 employés et plus ;
- Elaborer une politique nationale de :
    - Dissémination du savoir fondée sur l'accès aux immenses connaissances, notamment dématérialisées qui existent déjà sur Internet et ailleurs ;
    - Facilitation d'accès à l'ensemble des personnes actives aux terminaux numériques en tenant compte du rapport qualité/prix ; et de la nécessité de promouvoir leur production sur le territoire national par des sociétés d'économie mixte ou de Start-up ;
    - Mise à niveau permanente des compétences liées au progrès du numérique à intégrer par

des sociétés et des administrations. Tenant compte des besoins nouveaux.

Ainsi engagée, la vision stratégique a suffisamment de possibilités permettant de corriger la trajectoire empruntée et combler le gap accusé dans les délais compatibles avec le processus d'émergence digitale. Pour ce faire, il est repris ci-dessous l'intégralité les recommandations édictées par l'UIT, de manière à permettre un ajustement de la stratégie nationale des TI.

Buts et Cibles du Programme Connect 2020[8]

But 1. Croissance – Permettre et encourager l'accès aux TIC et leur utilisation accrue

1.1 A l'échelle mondiale, 55% des ménages devraient avoir accès à l'Internet à l'horizon 2020

1.2 A l'échelle mondiale, 60% de la population devrait utiliser l'Internet à l'horizon 2020 ;

1.3 A l'échelle mondiale, le prix des télécommunications/TIC devrait avoir baissé de 40% à l'horizon 2020 par rapport à l'année2012.

But 2. Inclusion – Réduire la fracture numérique et mettre le large bande à la portée de tous

2.1. A Dans les pays en développement, 50% des ménages devraient avoir accès à l'Internet à l'horizon 2020 ;

2.1. B. Dans les pays les moins avancés (PMA), 15% des ménages devraient avoir accès à l'Internet à l'horizon 2020 ;

---

[8]Source : UIT

2.2. A. Dans les pays en développement, 50% de la population devrait utiliser l'Internet à l'horizon 2020 ;

2.2. B. Dans les pays les moins avancés (PMA), 20% de la population devrait utiliser l'Internet à l'horizon 2020 ;

2.3. A. L'écart en matière d'accessibilité économique entre pays développés et pays en développement devrait être réduit de 40% à l'horizon 2020 ;

2.3. B Le prix des services à large bande ne devrait pas représenter plus de 5% du revenu mensuel moyen dans les pays en développement à l'horizon 2020 ;

2.4 A l'échelle mondiale, 90% de la population rurale devrait être desservie par la large bande à l'horizon 2020 ;

2.5. A L'égalité hommes/femmes parmi les internautes devrait être assurée à l'horizon 2020 ;

2.5. B Des environnements propices garantissant l'accessibilité des télécommunications/TIC pour les personnes handicapées devraient être mis en place dans tous les pays à l'horizon 2020.

But 3. Durabilité – Gérer les problèmes résultant du développement des TIC

3.1 L'état de préparation en matière de cybersécurité devrait être amélioré de 40% à l'horizon 2020 ;

3.2 Le volume des déchets d'équipements électriques et électroniques superflus devrait être réduit de 50% à l'horizon 2020 ;

3.3 Le volume des émissions des gaz à effet de serre produits par le secteur des télécommunications/TIC devrait être réduit de 30% par dispositif à l'horizon 2020.

But 4. Innovation et partenariat – Jouer un rôle de premier plan dans l'évolution de l'environnement

4.1 Environnement des télécommunications/TIC propice à l'innovation ;

4.2 Partenariats efficaces entre les parties prenantes dans l'environnement des télécommunications/TIC.

L'analyse qui s'ensuit est une tentative de recherche de cohérence des moyens à mettre en œuvre par le secteur des TI à l'aune des objectifs fixés par la vision stratégique en cours de finalisation.

Cette analyse porte également sur la recherche de la pertinence de ces objectifs par rapport aux engagements qui résultent de la participation du Cameroun en tant que pays membre de l'UIT.

A première vue, l'atteinte du taux de 50% pour le large bande arrêtée dans la vision stratégique du secteur au Cameroun à l'horizon 2020, alors que ce taux est établi à 1% en 2015, peut relever de l'un des douze travaux d'Hercule.

En effet, réaliser un tel saut quantique, certes ambitieux, mais très élevé par rapport à un niveau de départ si bas, peut sembler irréaliste et irréalisable.

Toutefois, si l'engagement des opérateurs est de coopérer plus que jamais et de fournir des efforts supplémentaires, si des moyens financiers sont dégagés à la hauteur des attentes nationales, il va sans qu'un tel objectif puisse bel et bien être atteint.

Tout dépend à la fois de la volonté politique à accompagner les investisseurs à réaliser des investissements innovants et, de la capacité des opérateurs a véritablement assumé les missions qui sont les leurs.

Par ailleurs, le taux retenu par la vision stratégique nationale, étant le même que celui du *Programme Connect 2020*, cette démarche peut être perçue comme une opportunité de rattrapage à opérer par le secteur pour fournir plus d'offres de services, et permettre l'inclusion numérique d'un plus grand nombre et, à ce titre aussi, mérite que tout soit mis en œuvre pour son atteinte.

Enfin, la recherche de réalisation de cet objectif peut être également perçue comme une invitation adressée par l'UIT aux pays en développement à atteindre un tel niveau, car comportant par ailleurs, un potentiel d'investissements, de création d'emplois et de richesse.

Faut-il rappeler que la réalisation de cet objectif concourt à " *réduire la fracture numérique et à mettre le large bande à la portée de tous*", aux risques de voir la fracture numérique se transformer en gouffre numérique.

Etant appelé à affiner ce point de vue, l'examen des efforts à fournir par le pays conduit à se pencher sur un certain nombre de priorités dont la réalisation impacte sur l'amélioration du taux suscité.

Ainsi, le niveau de déploiement de la fibre optique ayant pour objectif la réalisation de 20000 Km de linaire à l'horizon 2020, fait écho à la volonté de réaliser l'objectif de 50% de la large bande pour des ménages.

Seulement, à la date d'aujourd'hui, seuls 6000 km sont déployés au prix d'énormes efforts financiers, en grande partie sur emprunts extérieurs avalisés.

La prochaine étape se situant à14000 km d'accroissement, appelle un effort supplémentaire financier.

Eu égard au fait que, l'actuel déploiement n'arrive pas à produire suffisamment de ressources financières, il y a lieu de s'interroger sur la capacité de remboursement de tous les emprunts adossés sur la fibre optique aussi longtemps que son exploitation reste la même.

Ne semble-t-il pas assez judicieux de repenser la stratégie de commercialisation des capacités de cette fibre optique pour que le retour sur investissement indispensable se fasse autour des délais compatibles avec les objectifs assignés ?

A ce sujet, il y a des éléments qui viennent se greffer sur ce projet de fibre optique sans la réalisation desquels, l'objectif d'atteinte de 50% aura maille à partir pour être atteint. Il s'agit de :

3.1.2.2 L'accessibilité au large bande :

A quoi servirait-il de déployer 14000 km supplémentaires de fibre optique durant la période sous revue si la démarche développement des contenus locaux n'est pas subordonnée à la satisfaction d'une demande réelle ou potentielle? À quoi servirait-il de disposer d'un tel support de transmission si la pose et le déploiement d'un tel réseau n'emportent pas l'adhésion de certains grands comptes ? À quoi cela servirait-il de déployer cette fibre, si elle ne satisfait qu'une infime partie de la demande ?

Pour ce faire, son déploiement doit, remplir tous les critères contenus dans les normes en la matière, prendre en compte non seulement des besoins des entités marchandes et autres administrations, mais aussi, adresser les besoins des domiciles, des zones rurales et, les aspects sociaux qui vont avec.

L'accès à tous s'inscrit donc comme un critère d'équité sociale.

3.1.2.3 L'abordabilite des tarifs :

C'est un secret de Polichinelle que d'évoquer le caractère élevé des tarifs qui a marqué ces derniers temps les offres des capacités dans le secteur.

Que ce soit l'offre des capacités du réseau filaire à l'instar du tarif du 2 Mbit/s ou de l'offre mobile dont la pratique tarifaire est assise sur le volume de téléchargement et, non sur un forfait mensuel. Cette démarche obère encore ces tarifs finals.

Si ces offres venaient à garder cette tendance tarifaire qui jure avec l'objectif de 50% de la large bande destinée aux ménages à l'horizon 2020, alors elles deviendraient un véritable obstacle à l'atteinte dudit objectif.

Par ailleurs, bien que le *Programme Connect 2020* de l'UIT recommande à l'échelle mondiale, que les tarifs des services des télécommunications/tic baissent de 40% à l'horizon 2020 par rapport à 2012, la mise en œuvre de cette démarche ne semble pas aisée.

A ce sujet, les différents opérateurs du secteur devront se donner à moudre du grain pour réajuster leur système tarifaire.

Pour ce faire, ils devront faire preuve d'ouverture d'esprit, et procéder aux ajustements tarifaires permettant d'atteindre la recommandation de l'UIT, abondamment utile pour accroître l'accessible.

Sur ce dernier point, rappelant que la totalité des opérateurs de téléphonie est en mesure, non plus de surfer sur les vagues de promotions tarifaires temporelles, mais de s'inscrire dans le sens des avantages découlant du déploiement de la 3,5G et de la 3,9G pour accroître leur base du chiffre d'affaires.

Dans cette perspective, l'apport du tout IP qui résulte du déploiement de ces technologies permet d'une part, de faire face à la montée en trafic, et d'autre part, de jouer sur les économies d'échelles pour accroitre les chiffres d'affaires.

En plus, la baisse de leurs tarifs d'interconnexion pour faciliter l'accès à leurs réseaux aux MNVO, est de nature à accroître encore plus leurs chiffres d'affaires, sans que cela prête le flanc à l'engorgement des trafics.

Au final, la référence tarifaire de 2012 qui est établie comme base, appelle alors d'autres mesures, car certains opérateurs du secteur n'ont pas toujours brillé par le respect de la vérité des prix, en raison de non mise en place de la comptabilité analytique.

Par ailleurs, tout devra être fait pour que la qualité de service offert, à l'arrivée que l'on souhaite massive des Start-up, respecte les normes connues de tous les acteurs.

Sur un autre plan, bien que la vision stratégique nationale n'ait pas explicitement fixé d'objectif à atteindre pour l'Internet, il va sans dire qu'en raison de son utilité au quotidien et de son importance à l'accès au savoir, il est tout à fait loisible d'ériger l'augmentation de son taux de pénétration au rang de prioritaire nationale.

Ainsi, l'objectif du *Programme Connect 2020* intitulé "*dans les pays en développement, 50% des ménages devraient avoir accès à l'Internet à l'horizon 2020"* devrait être repris au niveau de la stratégie nationale des TIC pour le même horizon.

Formulé ainsi, ce taux de pénétration de l'Internet peut s'envisager comme la réalisation combinée de deux technologies.

Etant donné que la mise en service de la 3G+ et LTE (3,9G) permet d'offrir aux ménages et aux organisations des débits de l'ordre de 100Mbit/s; et que le déploiement du réseau filaire fibre optique réalisé en adoptant la norme " *G fast in the last mile*", permet d'atteindre des débits théoriques de l'ordre d'1Gbit/s., alors les possibilités d'offre de services large bande peuvent s'entendre, suffisantes pour couvrir les besoins grandissants des usagers en termes de qualité et de débits.

En outre, la combinaison de ces deux technologies réalisées par les opérateurs ouvre la voie aux offres de capacités de Très Hauts Débits pour les services multimédia, à l'instar du "*triple play*", gourmand en bande passante.

Des processus de nature à dégrader la qualité de service des réseaux dans ce cas d'espèce, doivent être combattues, alors il deviendra possible d'accroître significativement le taux de pénétration de l'Internet au cours de la période 2016-2020, à la condition que la vérité des tarifs soit la règle, les contrôles du régulateur l'exception.

Sont également contributifs à l'augmentation de l'usage de l'Internet THD utilisable par les ménages camerounais, les préalables suivants :

- L'accès démocratisé aux terminaux appropriés ;
- L'établissement sain des forces du marché ;
- La mise à disposition des contenus attractifs, en particulier, des jeux vidéo à caractère éducatif pour

des jeunes, des contenus locaux en langues nationales pour toutes les générations.

3.1.2.4 L'accès démocratisé aux terminaux appropries :

Bien que les taux de pénétration des équipements tels que les Smartphones, Tablettes, Laptop ne soient pas explicitement connus au Cameroun, il n'en demeure pas moins vrai que la propension des camerounais à s'équiper en ces terminaux va grandissante.

C'est pourquoi, des mesures d'incitations ciblées, en direction des jeunes et des salariés de revenus modestes de tous secteurs, en vue de l'acquisition des terminaux intelligents, peuvent contribuer à l'augmentation significative du taux d'équipements en général, afin de faire bénéficier durablement au plus grand nombre, les services à valeur ajoutée acheminés par l'internet THD.

Sur cet aspect, il devrait conduit une réflexion visant à commencer au moins le montage sur le territoire national, des terminaux par des Start-up ayant bénéficié des facilitations financières pour aller à la rencontre des PPP.

Pour ce faire, le Ministère des P&T pourrait aussi rechercher et signer des protocoles d'entente avec des grands groupes du secteur des TI tels que HP, Microsoft et bien d'autres pour la fourniture des Laptop, et des logiciels appropriés à prix abordables. Samsung, Apple et bien d'autres pour des terminaux androïdes comme cela s'est fait pour certains pays africains en intégrant la clause de leur montage et de leur entretien sur le territoire national.

3.1.2.5 L'expression saine des forces du marché

Il va sans dire, que les tarifs continuellement élevés pour les bourses des ménages majoritairement à faible revenu ne militent pas en faveur de l'amélioration du taux d'accès à l'Internet Très Haut de Débit.

C'est pourquoi, le Minpostel, appuyé par ses deux bras séculiers que sont l'ART et l'ANTIC, peut élaborer la politique nationale tarifaire de manière à promouvoir une saine concurrence en laissant les forces du marché jouer entre les opérateurs du secteur des TI et en balisant par cadrage, les tarifs plafonds pour l'ensemble des services large bande.

C'est aussi l'occasion de rappeler que la mise en place par les opérateurs du secteur de la Comptabilité Analytique est une obligation légale permettant à l'ART de vérifier que les tarifs pratiqués dans le secteur, reflètent la vérité et la sincérité des charges réelles, que la réglementation est donc respectée.

3.1.2.6 La mise à disposition des contenus attractifs, en particulier, des jeux video à caractère éducatif pour des jeunes, des contenus locaux en langues nationales et développement des contenus attractifs des jeux video a caractère éducatif et culturel :

Il est à se demander à quoi cela servirait-il de déployer un réseau national à fibre optique, si son déploiement ne s'accompagne pas également d'une production nationale diversifiée de contenus locaux qui viendraient reprendre la place qu'occupent intempestivement des programmes étrangers, surtout, quand ceux-ci abreuvent à longueur de journée la jeunesse des héros qu'elle érige en modèles.

Une situation pareille ne ferait que perpétuer le maintien des cultures nationales dans les bas-fonds des civilisations de l'universel, et favoriserait l'acculturation de la jeunesse au sens de Redfield, Herskovitz et Linton, laquelle perdrait tout repère et affaiblirait la position du pays au rendez-vous international du donner et du recevoir.

Cette situation-là, est amplement inadmissible autant pour les générations actuelles que pour des générations futures.

C'est pourquoi, il est important de mettre en route, une politique nationale de développement des contenus locaux multisectoriels, portée par la recherche de la satisfaction des besoins réels des populations.

Les attentes culturelles et éducatives, ne serait-ce qu'à travers des jeux vidéo et les documentaires semblent être les premières à s'inviter.

La nécessaire démocratisation de ces jeux et documentaires, est la voie pour que cette production nationale de programmes adresse les besoins réels dès lors que leurs diversités linguistiques et générationnelles sont prises en compte.

En outre, pour assurer l'inclusion numérique de toutes les couches sociétales, ces programmes devront intégrer les préoccupations de tous les handicaps, à l'instar des dispositifs de braille électroniques pour les malvoyants et d'amplification de son pour des malentendants ; sans oublier les contenus attractifs de téléenseignement à caractère scolaire et professionnel

Comme il vient d'être mentionné, la démocratisation de l'Internet très haut débit passe aussi par l'accès aux terminaux et par la pratique des tarifs non prohibitifs.

C'est ici une opportunité permettant l'ajustement du modèle classique de renforcement des capacités de plusieurs couches scolaires et professionnelles.

En effet, avec l'accès généralisé du THD, il devient possible de dispenser des enseignements de masse à distance, en particulier à partir des institutions universitaires vers les entreprises qui ne disposent pas d'assez de ressources financières pour renforcer les capacités de leur capital humain.

Cette approche a l'avantage de désengorger certaines universités d'Etat au niveau du premier cycle universitaire, en donnant l'opportunité aux étudiants d'aborder cette phase de leurs études avec moins de stress, et surtout de réduire le taux de déperdition scolaire.

Sur le plan professionnel, les webinars peuvent aussi être organisés à l'endroit des salariés des secteurs publics et privés désireux d'améliorer leurs compétences afin de devenir plus compétitifs.

Enfin, ce serait également, l'occasion de promouvoir l'accès aux bibliothèques virtuelles disséminées de par le monde pour inciter la population à s'intéresser à la lecture.

Au final, c'est une aubaine pour des entreprises et des administrations pour renforcer les capacités professionnelles de leurs collaborateurs à peu de frais

C'est également une façon élégante de réduire la propension des jeunes travailleurs en déshérence qui, au sortir du travail de l'après-midi, s'emploient à battre des records olympiques de beuveries, au détriment de l'amélioration de leurs capacités professionnelles.

Streaming Vidéo :

En raison de la structure démographique de la population majoritairement jeunes, il est fort probable que cette technique de téléchargement des biens culturels dématérialisés, sans stockage sur disque dur, mais qui s'effectue plutôt sur mémoire tampon se développe.

Cette technologie porte sur les téléchargements, des concerts musicaux diffusés en quasi temps réel, des films et des séries de télévision à la demande, etc.., qui vont être à l'origine de la montée en puissance des flux de données et exploseront le trafic dans les mois après sa mise en service.

Ainsi, la démocratisation du large bande venant résoudre la question de montée du trafic, permettra des lectures en continue des flux de données audio ou vidéo en cours de téléchargement, mais aussi, devra s'accompagner de la précision à donner au statut juridique et à la répartition de la valeur ainsi créée.

Si l'on ne prend garde, le vide juridique ainsi créé, favorisera des dérapages pouvant porter atteinte à la propriété intellectuelle ou à l'esprit d'entreprendre des jeunes.

Encadré par des dispositifs juridiques appropriés, ce service à beaucoup plus chances d'être adopté par la jeunesse, surtout grâce au dynamisme des Start- up.

3.2 Mettre en place un cadre légal et réglementaire évolutif, adaptatif et sécurisé aux évolutions technologiques

3.2.1 Mettre en place un cadre évolutif et adaptatif

L'évolution fulgurante des technologies a permis à l'innovation de booster de nouveaux services dans le secteur des TI, celle-ci s'est doublée d'une autant évolution des services d'industrie financière.

Cet état de choses interpelle tout décideur de cadre législatif et réglementaire à procéder aux mises à jour périodiques compatibles avec les avancées technologiques opportunes.

L'on n'observe que le vide juridique qui résulte du fait de simples retouches juridiques donne à penser que cette approche pose plus de problèmes qu'elle n'en résout.

Ainsi, la loi régissant les communications électroniques, bien qu'assez récente, comporte des insuffisances sur lesquelles des observations de mises à jour substantielles appellent divers correctifs.

Afin de se doter d'instruments juridiques répondant aux problématiques en rapport avec la dématérialisation des procédures, le cadre juridique en vigueur peut s'enrichir d'une nouvelle loi de portée générale qui viendrait régir les procédures de l'ensemble des activités à dématérialiser.

En effet, cette loi devra entre autres, encadrer les procédures de passation des marchés publics, d'établissement des actes d'état civile, des actes communaux, des actes médicaux, de production de diplômes sécurisés, des actes de transport (carte grise et permis de conduire...) et diverses plateformes et supports de paiements numériques.

S'agissant en particulier des plateformes de paiements numériques, des Start-up innovantes du genre FinTech, sont nées à la "*suite de la crise économique de 2008, où de nombreux banquiers et traders ont quitté les grands centres financiers de la planète et se sont lancés dans des aventures entrepreneuriales pour repenser le modèle de la finance grâce à l'innovation technologique*".

Elles apparaissent dans le paysage bancaire et financier comme pourvoyeuses d'emplois nouveaux grâce à l'inventivité et à la créativité dont leurs managers font montre.

Leur finalité est d'offrir l'accessibilité et la simplicité qui caractérisent leurs services et, dont la qualité est équivalente et moins coûteuse que celle du système classique bancaire.

Elles sont répertoriées dans plusieurs familles :

- Première catégorie : elle concerne le paiement électronique via un Smartphone et/ou Internet réalisé auprès des commerçants, des plateformes d'e-commerce. C'est notamment le cas d'un système tel que PayPal qui permet de payer ses achats ou de recevoir de l'argent de façon sécurisée, sans avoir à transmettre ses coordonnées bancaires.
- Deuxième catégorie : la plus médiatisée, rassemble les activités de "*Crowdfunding*» ou financement participatif. Ces transactions électroniques s'effectuent via une plateforme dédiée. Les particuliers peuvent financer des projets d'entreprise ou de création de Start-up par ce biais.

Ce financement peut se faire sous forme de don (avec ou sans contrepartie matérielle), de participation aux fonds propres d'une société ou de prêt participatif aux TPE. Cette technique permet également aux particuliers de faire des prêts à la consommation ou d'emprunter de l'argent sans passer par le canal traditionnel des banques.

Une mise à niveau des textes conjoints Minfi/Minpostel est de nature à permettre aux Start-up camerounaises de se lancer sur ce type de financement et de créer des emplois.

Enfin, au moment où se mettront en place de telles entités, il est souhaité d'établir des liens avec la banque dédiée au financement technologique pour assurer le lancement de ce type de Start-up.

Lors de la mise à jour du cadre législatif et réglementaire, il importe que les plateformes déployées par ces Start-up soient interopérables et sécurisées pour booster les transactions en environnement de confiance numérique.

Ces paiements numériques entre Start-up, gagneraient en crédibilité si le réseau bancaire et le Trésor Public pouvaient agréer leur interconnexion. Dans ce paysage de plateformes, quatre formes de plateformes de Crowdfunding sont concernées :

-Plateformes d'investissement direct :

La plateforme reçoit des investissements financiers directs effectués au niveau du capital d'une entreprise par des internautes.

En contrepartie, l'internaute ayant investi, acquiert une participation dans le projet ou devient coproducteur et a droit en échange, à des contreparties du prêt, au cas où le projet se solde par un succès commercial à des versements financiers. En quelque sorte, il s'agit d'un investissement à risques.

-Plateformes avec contrepartie en nature :

En échange de son soutien financier, l'internaute reçoit une contrepartie non monétaire. Suivant la nature du projet, l'internaute peut recevoir une contrepartie en nature, du genre DVD, si son soutien financier porte sur un film, un livre dédicacé pour une production littéraire, ou simplement, une invitation à l'avant-première de projection du film ou de la dédicace d'un livre. En tout d'état de cause, le porteur du projet reste l'unique propriétaire intellectuel du projet.

-Plateformes de prêt et Plateformes de don

Dans cet écosystème, une fois de plus, les synergies entre les ministères ne s'imposent pour mettre en place des mécanismes juridiques et des techniques adaptés à cette nouvelle donne.

Pour ce faire, le Minpostel pourrait par exemple définir les spécifications techniques de la plateforme et convenir avec ses promoteurs, des fonctionnalités qu'il conviendrait de doter ces applications.

Le Minfi, quant à lui, pourrait s'appesantir sur les profils organisationnels et administratifs que ces Start-up doivent remplir ainsi que les profils des managers, afin que l'exercice des activités de création de crypto monnaie bénéficie d'un environnement incitatif pour les différents acteurs.

A ce stade, force est de faire remarquer que l'absence des dispositions légales spécifiques d'encadrement de telles activités dématérialisées ne milite pas en faveur d'un déploiement rapide de ce type d'activités.

A ce jour, seuls des frémissements d'élaborations sont observés par ci par là, ainsi que des publications universitaires questionnant le processus.

Aussi, l'accent pourrait-il être mis sur l'élaboration de ces instruments pour appuyer la promotion de l'économie numérique.

Dans la perspective de mise en place des mécanismes juridiques pour l'encadrement des procédures de dématérialisation de passation de marchés publics, des retours sur expérience des pays ayant réussi ces étapes s'avèrent d'une utilité à capitaliser.

Ainsi, cette loi de portée générale devrait s'inspirer d'un spectre le plus large possible des problématiques à résoudre de plusieurs secteurs d'activités, afin que les processus de dématérialisation des procédures contribuent à améliorer en général la lisibilité et la visibilité des transactions numériques de l'ensemble des opérateurs économiques.

A cet effet, des préalables sont donc à remplir, au rang desquels :

- Un cadre de confiance numérique sécurisé pour la couverture de l'ensemble des activités et, respectant les normes internationales en la matière ;
- Une prise en compte des contraintes qui gouvernent les différents de supports, en termes de capacités de stockage et de déstockage des données, des délais de cycles de vie de ces données, de formats d'exchanges, de la preuve numérique, en particulier, lorsqu'il s'agit de données natives numériquement à l'origine, de distinction entre copie et original.

Concernant le premier préalable, il y a lieu de rappeler que la loi relative à la cybersécurité/cybercriminalité est le cadre qui a été planté à cet effet, mais, seule la capacité de celui-ci à être actualisé eu égard à la complexification et la sophistication des attaques ciblées et avancées se pose.

Ainsi, une analyse fondée sur des bonnes pratiques récentes en la matière tendrait à conforter le point de vue relatif à l'incomplétude de l'arsenal juridique existant.

Le constat selon lequel, les quelques dispositifs de protection des systèmes d'informations et des réseaux des PME et des TPE ne peuvent contre des attaques avancées sophistiquées et ciblées des cybercriminels opposer qu'une faible résistance, étaye cette affirmation et pose la problématique de la culture de cybersécurité/cybercriminalité au sein de ces entités.

A ce sujet, il y a lieu de déplorer le fait que cette insuffisance culturelle et technique est partagée par la tranche d'entreprises majoritaires, même si par ailleurs, peut se poser l'épineuse question de disponibilités budgétaires.

A titre d'illustration, il y aurait lieu de se demander comment peuvent faire face ces PME et TPE en présence d'une attaque du type rançongiciel.

En effet, ce type d'attaque, à partir de laquelle, les cybercriminels ayant procédé au chiffrement de l'ensemble des fichiers critiques de la cible, exigent une rançon au terme d'un délai très court, de l'ordre de quelques heures, faute de quoi, les fichiers se mettent à se détruire au fil de l'eau, laisse sans parade, les entités mal préparées.

Pour esquisser une solution, des recommandations éditées par l'organisme canadien de Sécurité Publique contre les attaques cybernétiques faites aux systèmes d'information et des réseaux des PME, permettent d'aiguiller nos PME sur la ligne de cyber défense à bâtir.

La mise en place d'une stratégie appropriée, est de nature à assurer une couverture des risques de l'ordre de 85% des infrastructures critiques.

Au nombre de quatre, ces recommandations se déclinent dans le tableau suivant comme suit :

Tableau n°4 : recommandations de l'organisme canadien de sécurité publique

Cote	Stratégie d'atténuation	Motivation
1	Créer une liste des applications autorisées (**liste blanche**) pour empêcher l'exécution de logiciels malveillants ou non autorisés.	La liste blanche des applications est une des meilleures stratégies de sécurité, puisqu'elle ne permet l'exécution que de programmes précis et empêche l'exécution de tous les autres programmes, dont les logiciels malveillants
2	**Installer les correctifs des applications** comme Java, visualiseur PDF. Flash, navigateurs Web et Microsoft Office.	La plupart des attaques ciblent des applications et les systèmes d'exploitation vulnérables. Le fait de s'assurer que les correctifs les plus récents ont été installés pour ces applications permettra de réduire considérablement le nombre de points d'entrée que les attaquants peuvent exploiter.
3	**Installer les correctifs du système d'exploitation**	
4	**Restreindre les privilèges administratifs** des systèmes d'exploitation et des applications en fonction des tâches de l'utilisateur.	Le fait de restreindre ces privilèges pourrait empêcher l'exécution de logiciels malveillants ou limiter leur capacité à se répandre dans le réseau

Source : Sécurité Publique canadienne

3.2.2 Promouvoir la culture de cybersécurité

Les difficultés des PME et des TPE à appréhender la complétude des attaques sophistiquées et ciblées des cybercriminels sont réelles du fait de la modicité des ressources financières et humaines dont elles disposent

C'est pourquoi, constituant la masse la plus importante du tissu industriel au Cameroun, il est important de promouvoir en leur sein, la culture de sécurité.

Des campagnes d'information et de renforcement des capacités des dispositifs de luttes contre la cybercriminalité peuvent faire l'objet de programmation de séminaires pour mettre à niveau leur cyber défense.

Comme pour enclencher ce programme, le synoptique suivant illustre l'approche que l'ANTIC pourrait initier en faveur des TPE et PME.

Figure°5 : approche pour démarche sécuritaire

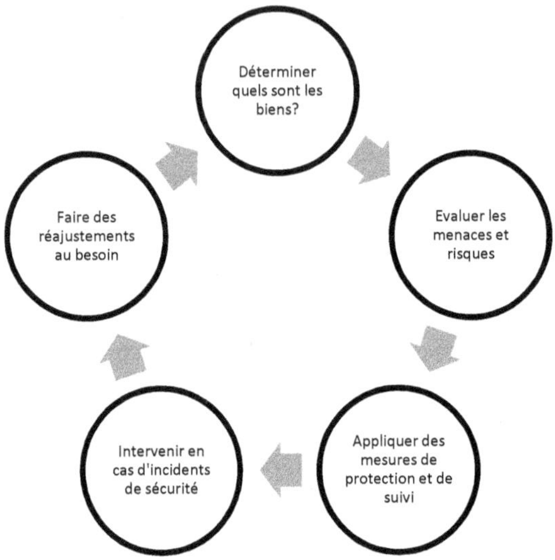

A cet effet, quelques conseils sont prodigués à l'entreprise par cet organisme parmi lesquels :

- Élaborer et mettre en œuvre un plan de cybersécurité qui décrit clairement les pratiques exemplaires pour tous les employés ;
- Attribuer la responsabilité de la cybersécurité de votre entreprise à au moins un employé, et
- S'assurer de lui avoir fourni des instructions claires quant au travail à accomplir ;
- Déterminer quels risques constituent des menaces faibles, moyennes et élevées pour votre entreprise – cette étape aidera à établir l'ordre de priorités ;

- S'assurer que vos employés comprennent pourquoi la cybersécurité est importante pour eux et votre entreprise ;
- Des préoccupations d'ordre juridique concernant la cybersécurité appellent à consulter des experts ;
- Expliquer aux employés la politique de sécurité quand elle existe et les normes afin qu'ils comprennent le pourquoi de leurs mises en place, à qui elles s'appliquent et les risques pour eux et pour votre entreprise s'ils ne les respectent pas ;
- Etablir un budget de cybersécurité réaliste.

La revue qui suit, tend à mettre en exergue des avantages qu'apportera un tel cadre, et se propose de montrer sur quoi l'adaptation de la législation relative à la dématérialisation des procédures de passation des marchés publics peut s'enrichir de certaines ces informations.

La démarche vise à consacrer des principes et des règles applicables à tous les organisations soumissionnaires et à établir un système d'accès égalitaire pour tous aux marchés publics.

A cet effet, ils portent notamment sur :

- Le principe de l'égalité d'accès aux moyens de communication électroniques d'échange d'information ;
- Les règles relatives à la mise en œuvre des techniques d'achat modernes ;
- le principe d'authenticité forte et d'intégrité des moyens et des informations transmises, ainsi que leur confidentialité ;
- l'accessibilité, la disponibilité et l'interopérabilité des moyens de communication électronique ;

- la neutralité et la non-discrimination par rapport au support de stockage ;
- la mise à la disponibilité pour tous les soumissionnaires de la signature électronique sécurisée et donc de certificat électronique comme l'un des socles du cadre de confiance numérique sur lequel, se fondent les échanges électroniques ;
- l'identification électronique et la signature électronique des particuliers et de l'ensemble des entreprises sont une exigence pour accéder aux services publics en ligne ;
- L'établissement nécessaire des éléments de la preuve par l'authentification multicritères : intégrité, confidentialité, accessibilité, pérennité, fiabilité ;
- L'adoption de principes de gestion de la preuve numérique par l'érection d'une Autorité de la Preuve Numériques, différente de l'Autorité de certification, qui délivre des attestations horodatés aux deux parties, et la création des Tiers d'archivage;
- La nécessité de conférer la force probatoire au courrier électronique sécurisé ;
- La prise en compte juridique des contrats et factures électroniques dans la loi ;
- La précision des différents formats normalisés utilisables pour les échanges numériques ;
- L'élaboration de la politique nationale d'accessibilité des plateformes et de systèmes de gestion d'échange de documents numériques des administrations et du secteur des services financiers et bancaires ;
- L'élaboration de la politique nationale d'archivage hybride.

3.2.3 S'adapter aux évolutions

3.2.3.1 Le cas de la valeur probante :

Si le principe général de la dématérialisation peut être considéré connu, celui en rapport avec la valeur probante l'est beaucoup moins ; car, le terme valeur probante renvoie à la prise en compte de document natif numériquement, opposable en cas de litige ou de contestation.

Nombreux sont encore ceux qui résument la dématérialisation au seul scan de document papier, alors que l'exploitation va bien au-delà.

Non seulement les données doivent pouvoir être exploitées dans une base de données, mais que désormais, l'écrit électronique est à considérer avoir la même valeur légale que l'écrit sur papier, aussi longtemps que l'on parle de documents numériques originaux.

Ce qui conduit à poser la question de savoir qu'est-ce qu'un original, papier ou électronique ? Faire un scan – même authentifié et sécurisé – revient à créer une copie électronique, non pas à créer un original électronique. A ce sujet, explique Martine Joulia-Cubizolles, experte en dématérialisation.

"*L'on pourrait presque considérer que le vrai original, ce sont les données dans la base de données, qui ensuite se manifestent sous forme de fichier ou de document papier. Autrement dit, document papier et document électronique doivent désormais avoir la même valeur, et ce dernier ne peut pas donc être rejeté par un juge au seul motif d'être électronique.*"

Toutefois, parler de document électronique revient à respecter certains critères pour être considéré comme original. A ce titre, le Code civil du Cameroun peut établir l'égalité des écrits manuel et électronique, à condition que les auteurs pour le dernier cas, puissent être dûment identifiés, et que l'on puisse établir l'intégrité et l'authenticité du document numérique.

Dans cette perspective, le législateur pourrait adopter explicitement ce principe d'égalité, et les outils pour arriver à ce résultat sont multiples, à l'instar des moyens cryptographique pour convaincre le juge, fondées sur des normes internationalement reconnues, même, en l'absence de telles normes pour le moment sur le plan national.

« Le problème de l'idée de valeur probante, quel que soit le type de document, est qu'elle implique plusieurs niveaux, explique Jean Saphores, autre expert en dématérialisation. Il y a d'abord la valeur probante du document, puis celle de sa transmission, et enfin celle de sa conservation. »

Il explique que « *La valeur probante du document en tant que telle dépend des conditions de sa création, de sa conservation qui peut faire l'objet de mise en coffres forts électroniques et de sa restitution* »

L'on parle beaucoup moins du mode de transmission, qui peut pourtant également poser problème, même si des systèmes – certes un peu complexes – existent pour en assurer leur conformité.

L'essentiel, pour les entreprises, se joue lors de la création ; c'est là que se trouve le nœud du problème. Il faudrait émettre un document authentifié dont le contenu est certifié non modifiable, autrement dit, un document que l'on qualifie de *"scellé électroniquement"*.

Par ailleurs, dématérialisés, les documents relatifs au processus de passation des marchés publics devraient temporairement être stockés et archivés par les soumissionnaires et /ou l'acheteur public, dans des espaces mémoires de systèmes de l'Autorité des marchés dans l'espace *"Ma page"*, ouvert à cet effet sur ses serveurs, le temps nécessaire pour leur traitement.

Ce qui suppose que des capacités de stockage à ce niveau sont suffisantes et tiennent compte du trafic actuel et à venir des entreprises.

De toutes évidences, le plus grand avantage de la procédure dématérialisée est sans nul doute la transparence et la capacité à tracer les transactions électroniques qu'elle apporte à la passation des marchés publics en particulier.

En effet, elle permet d'avoir une meilleure traçabilité, via le *« Journal des évènements »*, des échanges entre les soumissionnaires et l'acheteur public, de s'informer sur l'avancement de la procédure et de ses éventuels incidents.

Donc, affirmer que les avantages liés à la traçabilité et la visibilité permettent de mieux lutter contre la corruption dans ce cas d'espèce, n'est pas une vue de l'esprit.

Les contrôles à opérer par des instances publiques compétentes peuvent se faire avec plus de commodités à la condition que les données y afférentes soient aussi transmises automatiquement dans des formats standardisés vers des salles blanches apprêtées à cet effet, et dont les accès sont sous contrôle.

Tandis que des avantages en rapport avec le stockage et l'archivage offrent une meilleure gestion documentaire de l'organisation ; la rapidité d'accès à l'information est conditionnée par la définition d'une véritable politique de classement de l'archivage hybride et de contrôle d'accès instauré.

Elle permet d'agit sur la productivité de l'entité en faisant faire des gains de temps affectables à d'autres activités.

Aussi allons-nous décliner quelques contraintes dont la non prise en compte impacte la gestion documentaire à l'issue du processus de dématérialisation.

3.2.3.2 La contrainte des normes :

Les normes d'archivage délivrent des recommandations aux organisations en vue d'adopter des démarches permettant d'assurer l'archivage correct de fichiers informatiques.

Leur mise en application n'est pas obligatoire, mais, reste largement conseillée pour des règles dont les caractéristiques d'archivage ou de leur exploitation en mode service sécurisent les projets et garantissent la qualité de service et de méthode organisationnelle.

La dématérialisation des documents crée des conditions propices à un archivage correct mais non exempt de problèmes.

Ce qui conduit à aborder la problématique de l'archivage légale qui pourrait se définir comme suit :

L'archivage légal peut se définir comme l'ensemble des méthodes et moyens utilisés pour conserver un document électronique ou dématérialisé, afin de garantir son accessibilité, sa pérennité, sa confidentialité, son intégrité, sa disponibilité et sa non-répudiation, son intégrale restitution pour des temps de latence quasi nuls.

Pour le moment, il n'existe pas à proprement parler de normes d'archivage hybride au Cameroun, pour cela il reste à faire appel aux normes internationales ISO/IEC, ou aux standards internationaux d'origine EN, en la matière, pour mettre en place un système d'archivage satisfaisant.

C'est ainsi que les normes ISO 27001-200 et ISO 14641-1 à l'origine NF Z42-013, d'origine française, peuvent être exploitées à bon escient pour la mise en œuvre de l'archivage hybride dans une organisation.

Ainsi, la norme ISO 14641-1 permet aux entreprises de prendre connaissance des spécifications relatives aux mesures techniques et organisationnelles à mettre en œuvre pour l'enregistrement, l'archivage, la consultation et la communication de documents numériques afin d'assurer la conservation et l'intégrité de ceux-ci. Un autre problème est la prise en compte de l'intégrité, non plus technique, mais juridique des documents.

Ces spécifications visent à garantir que des documents numériques soient capturés, archivés, restitués et communiqués de façon à ce qu'il soit possible de s'assurer que le document archivé garde la même valeur que le document d'origine pendant toute la durée de conservation.

Certaines recommandations contenues dans la dernière norme ont trait :

- aux recommandations liées à la conception et à l'exploitation de systèmes d'information en vue d'assurer la conservation et l'intégrité des documents stockés dans ces systèmes ;
- La nouvelle version de la norme Z42-013 du 4 mars 2009, est actualisée sur les points suivants :
    - Prise en compte des documents sonores ou vidéo ;

- Valorisation des systèmes de traçabilité du cycle de vie des archives,
- Normalisation des métadonnées et des formats d'archivage,
- Nécessité d'une politique d'archivage ;

- La référence à la norme ISO 14721 (OAIS : Système Ouvert d'Archivage d'Informations, «Open Archiva Information System)", complétée par le guide méthodologie de négociation entre le producteur et la norme ISO 20652 (PAIMAS) assure une mise en œuvre efficace et efficiente.
- La référence au modèle européen MoReq (Model Requièrent for the management of electronic records), renvoie surtout aux supports de stockage "WORM physique" (CD, DVD, Microfilms.) et aux supports "WORM logique".
  - Pour ce faire des conditions permettant d'assurer l'intégrité technique des archives par des moyens cryptographiques et par utilisation des supports dits "réinscriptibles" sont nécessaires.
  - Celle-ci passe par des moyens cryptographiques : (Empreinte + horodatage + signature électronique).

Les moyens technologiques et fonctionnels à mettre en œuvre pour réaliser et garantir les conditions d'archivage, d'intégrité juridique du document électronique, d'authentification de l'auteur devraient pourvoir être définis et pris en compte par les textes de loi et règlements à venir.

3.2.3.3 Le recours à l'archivage légal de documents électroniques ?

L'archivage légal de documents électroniques peut répondre à plusieurs besoins et obligations légales. En effet, l'archivage légal permet de conserver et de restituer à l'identique des documents électroniques dont l'intégrité juridique a été respectée sur une longue période, reste que pour le Cameroun cette notion d'intégrité juridique devra être explicitée le plus possible.

Cette démarche vise à rendre les documents accessibles en temps réel pour permettre leurs exploitations et leurs utilisations pour divers besoins.

Que ce soit d'un point de vue légal en utilisant les documents archivés comme preuve ou du point de vue informatif en permettant la restitution de documents aux utilisateurs.

3.2.3.4 A qui s'adresse l'archivage légal

Dans les pays développés, les institutions et les professionnels furent les premiers à avoir recours à "*l'archivage légal*", pour la bonne est unique raison que la majorité des offres proposées leur étaient destinées.

Dans ces pays, l'on a vu fleurir de plus en plus des offres de coffre-fort électronique pour particuliers et entreprises, aussi bien pour des coffres forts totalement à valeur légal ou partiellement (seule une partie de l'espace du coffre fait de l'archivage légal).

Différents grands acteurs historiques, de Banques, d'Assurances se sont lancés dans ce type de service. Au final, cet archivage s'adresse aux entités qui sont susceptibles d'avoir maille à partir dans leurs transactions électroniques avec d'autres entités ou de personnes physiques.

3.2.3.5 Durée de conservation des documents électroniques archives :

Quels documents faudrait-il garder ? Les contraintes de durées de conservation des documents électroniques sont les mêmes que celles appliquées aux documents papiers.

Ces durées de conservation devront être définies dans une perspective légale en fonction du type du document (facture électronique, contrat électronique, courrier électronique recommandé, bulletin de salaire dématérialisé, diplôme dématérialisé, convention de partenariat, titre foncier, etc.) et du type de support d'accueil.

En outre, le cycle de vie de documents ainsi numérisé commande qu'il soit clairement défini, en précisant notamment, les conditions de destruction desdits documents et ainsi que la nature et le type du support de stockage.

3.2.3.6 Gérer l'archivage a valeur probante

La gestion du processus de dématérialisation tient à la prise en compte de plusieurs aspects au rang desquels :

- L'archivage des données ;
- Les concepts généraux de l'archivage de documents électroniques ;
- Les points clés du contrat d'archivage électronique à valeur probatoire. ;
- Le mode de support : Worm de type A, B et C, micrographie, supports magnétiques, optique et cristallin ;

- Les normes de l'archivage ;
- La mise en place d'Autorités de gestion de la preuve numérique (AGP) ;
- L'encadrement à l'utilisation du coffre-fort électronique et du métier de tiers archivistes ;
- L'encadrement des activités de prestataires de services de dématérialisation et de conservation ;
- La facturation électronique et la dématérialisation de diverses déclarations (fiscale de TVA, DSF...) ;
- La nécessité d'adosser la messagerie sécurisée sur l'horodatage ;
- La démocratisation de la signature électronique, le chiffrement intégral des échanges numériques pour en assurer la confidentialité.

3.2.3.7 S'approprier la gestion des certificats électroniques :

Dans une économie en transformation digitale, plusieurs acteurs apportent leur concours dans la gestion des certificats électroniques, au rang desquels, les Autorités de Certification.

Il existe deux formats de certificats, le format de l'UIT X.509 qui ne fournit qu'un seul identifiant et qui est attribué par une autorité de certification ; le second format est celui de l'Open PGP de l'Internet Engineering Task Force (IETF) qui fournit plusieurs identifiants.

Un certificat numérique peut être considéré comme une carte d'identité nationale utilisée dans le domaine du numérique.

"Cette pièce d'identité sur Internet contient de nombreuses informations personnelles et/ou professionnelles telles que le nom, le prénom, l'adresse, la date de naissance et le pays de résidence d'une personne, mais aussi des informations sur *l'organisme tels que le nom de la société, son numéro de registre de commerce et bien d'autres encore.*

Une partie des fichiers de cet ensemble de données numériques est dite publique et contient en même temps une partie privée.

On parle alors de clé publique et de clé privée dont cette dernière ne sera jamais échangée. Par ailleurs, le certificat électronique comporte aussi le nom de l'autorité émettrice de la pièce qui garantit la validité et l'authentification des informations".

Ainsi, les principales caractéristiques des certificats conduisent à les classer en quatre :

- *Le Certificat de Signature*: Au sens du Registre Général de Sécurité français, c'est un fichier électronique attestant qu'une bi-clé appartient à une personne physique, une personne morale, un élément matériel ou un logiciel identifié, directement ou indirectement (pseudonyme).
- Il est délivré par un PSCE. En signant le certificat, l'AC valide le lien entre l'identité et la clé publique. Le certificat est validé pour une durée précisée dans celui-ci. Il se présente sous forme matérielle (clé USB, Carte à puce ou Smartphone) ou sous forme logicielle.
- *Le Certificat de Serveur* : Il permet ainsi de s'authentifier pour des applications ou des sites, de certifier le lien entre une organisation et un nom de domaine.

- Le certificat client-serveur au sens du Registre Général de Sécurité français(RGS) est un certificat électronique format logiciel.

  Il s'installe sur un serveur. Son porteur protège l'accès au serveur par un mot de passe à authentification qui gagne à être forte. Il sert donc à sécuriser l'accès au serveur grâce au protocole SS-EV.
- *Le Certificat VPN*

S'agissant du secteur privé, sa capacité à s'approprier dans les meilleurs délais des mécanismes et techniques inhérents au cycle de vie du certificat électronique sera nécessaire pour réaliser sereinement la transformation numérique. Ce certificat est utilisé pour sécuriser un médium, un circuit.

Pour ce faire, il importe que les étapes suivantes soient prises en considération :

- L'acquisition de certificat auprès d'organismes agrées ;
- L'installation du certificat dans l'ordinateur/serveur ;
- La déclaration de ce certificat au système avec lequel les transactions doivent se réaliser :
  - exportation de la clé publique de son certificat vers son ordinateur/serveur ;
  - transfert de cette clé publique vers ledit système ;
  - conservation de la clé privée ;
- test de connexion au système réussi. En outre, les règles suivantes sont à respecter :
  - Gestion des certificats et chiffrage du contenu ;

- Authentification multicritère de l'émetteur ;
- Gestion des profils : SSO, Open ID ;
- Collaboration avec le prestataire de services de certification électronique, et les Autorités de certification, Autorités d'enregistrement et les Opérateurs de certification. ;
- Mise en œuvre du processus d'authentification multicritère ;
- Respect de l'"intégrité du document ;
- Signature électronique permettant de la traçabilité, l'authentification, la non-répudiation et l'intégrité dans les transactions électroniques ;
- Mise en place de certificats de classes principalement en 3 classes en fonction des modes de délivrance :
    - niveau 1 : sans contrôle de pièce justificative, il est délivré sur la base de la déclaration du client (Ex. : le certificat utilisé pour la déclaration de revenu),
    - niveau 2 : contrôle à distance sur remise de justificatif,
    - niveau 3 : contrôle en face à face du client. C'est celui qui est accepté dans le cadre des télé-procédures administratives.

Plus la classe est élevée, plus le lien entre le certificat électronique et la personne physique est certain.

- *Le Certificat de Codes Sources* : ce type de certificat est essentiellement utilisé par les développeurs d'application pour la protection des code source comme l'indique son intitulé

3.3 Mettre en place un comité des mises à jour

La réalisation de ces activités appelle la mise en place d'un comité pluridisciplinaire au sein du Minpostel dont les compétences techniques avérées, devront être multidisciplinaires, c'est-à-dire, relevant de la veille technologique, analyse stratégique et prospective, planification stratégiques, cyber droit et cybersécurité etc.

Ce comité peut puiser des connaissances dans la panoplie des bonnes pratiques internationales et, recommandations des instances internationales en la matière pour renforcer les compétences de ses membres.

Au-delà des compétences susmentionnées, il importe que des personnalités en charge de ce comité soient résolument habitées à la fois, par la dynamique d'impulser le progrès socio-économique, le bien-être des populations, la compétitivité des entreprises.

Ainsi balisé, le travail de mise à niveau du cadre légal et réglementaire peut s'articuler autour des lois en vigueur. En particulier pour la loi régissant la cybersécurité/cybercriminalité, le commentaire suivant est fait.

Pour que le cadre de confiance numérique mis en place fût efficace consécutivement à la promulgation de la loi de référence et des textes d'application pris, il aurait fallu que la revue de la pertinence et de la cohérence des dispositions s'effectuât aux périodes compatibles avec les avancées de la cybersécurité et de la sophistication du cyber crimes.

A ce titre, il aurait fallu saisir que la dynamique duelle conférée par la cybersécurité/cybercriminalité commande une remise en cause des lignes de défense périmétrique établies contre les attaques de cybercriminalité.

Autrement dit, l'obsolescence programmée, la sophistication des attaques ciblées avancées des cybercriminels militent contre des attitudes statiques pour un cadre législatif qui se veut offrir des instruments juridiques de lutte efficace contre la cybercriminalité.

Ainsi, les vols de données qui ont eu cours, en mémoire le "PANAMA PAPERS", sont là pour rappeler la dangerosité des menaces qui pèsent sur des Systèmes d'Information dont la cyber défense repose encore sur des lignes de défense réactive.

Le principe de précaution aidant, il est donc nécessaire de passer régulièrement en revue les dispositions juridiques et procédures édictées pour s'assurer que le parapluie sécuritaire déployé n'est pas la cible d'intrusions cybernétiques.

Ainsi, l'intelligence intégrée dans les systèmes automatisés de sécurité déployés est nécessaire pour mener des analyses comportementales internes et externes permettant de détecter des mouvements suspicieux et anormaux de trafic de données.

A cet effet, les administrateurs de base de données, les responsables de sécurité des Systèmes d'Information et les administrateurs de réseaux sont appelés à rester sur le qui-vive et, à travailler en synergies pour réduire les délais entre l'identification des menaces et leur neutralisation.

Les menaces évoluent, le cadre légal et réglementaire devrait aussi.

C'est pourquoi, les outils de cyber défense et les dispositifs qui étoffent la cybersécurité se doivent d'être proactifs, dotés de fonctionnalités d'anticipation et s'exécutant en temps réel pour être efficaces face à la complexification des menaces des cybercriminels.

Sur ce point, il est souhaitable d'apporter des correctifs à un certain nombre d'insuffisances relevées dans la phase diagnostic-analyse de la loi en cause.

Bien qu'il ne soit pas ici question de passer en revue la totalité des insuffisances relevées, il y a tout de même lieu de s'appesantir sur quelques-unes d'entre elles et de suggérer une approche de solutions pour faire face aux attaques.

Charge est transmise à ceux qui ont mandat organique pour procéder aux correctifs des insuffisances qui retiennent leur attention et d'y apporter les éléments de réponses idoines.

En ce qui concerne l'analyse en cours, cinq insuffisances signalées au niveau de la phase diagnostic-analyse appellent quelques commentaires.

Ces observations se déclinent comme suit :

3.3.1. Elaborer la politique nationale de cybersécurité

C'est une Lapalissade de dire qu'il n'y a pas de développement de transactions électroniques sans confiance numérique reposant sur un socle numérique à la hauteur du potentiel des attaques de cybercriminels.

Dans cette approche, l'élaboration de la Politique Nationale de Cybersécurité devient alors la plateforme idoine d'orientations stratégiques à partir de laquelle, s'orientent pour leurs propres besoins, des institutionnels, diverses entreprises pour formuler et mettre en œuvre leurs propres politiques sécuritaires.

Aussi, l'élaboration de ce document stratégique dont la coordination est assurée par le Minpostel, appelle-t-elle une large concertation, ouverte sur les principaux acteurs de l'économie numérique afin de recueillir non seulement leurs réels besoins, mais surtout, de mettre à contribution leurs compétences.

A cet effet, son élaboration commande que soit donc pris en considération :

- Des bonnes pratiques internationales ;
- Des référentiels reconnus tels que COBIT5 (Objectifs de Contrôle de l'Information et des Technologies associées), qui est un référentiel complet de principes, de pratiques, d'outils d'analyse et de modèles généralement reconnus, traitant efficacement les enjeux critiques de gestion de risques en rapport avec les TI ;
- Des démarches arrêtées en conformité avec les normes :
- Les normes ISO/IEC de la série 2700X permettent entre autres, la gestion des risques ; la gouvernance de la sécurité des systèmes d'information.
- Le guide d'implémentation et codes de bonnes conduites, enrichi des orientations à prescrire aux entreprises, aux banques et autres institutionnels.
- La prise en compte des préoccupations réelles des principaux acteurs.

Il importe qu'à l'élaboration de ce document stratégique, la concertation soit ouverte et conduise à l'établissement d'un arbre de besoins prioritaires de sécurité des principaux acteurs.

De cette manière, la recherche va porter sur des voies et moyens susceptibles d'y répondre, en anticipant sur le proche futur.

Ainsi, le document final élaboré devra s'inscrire dans la logique de document de travail de l'ensemble des participants à la concertation.

3.3.2 Etablir sa cohérence avec la loi n° 2010/012 du 21 décembre 2010

Il va sans dire que la politique nationale de la cybersécurité ne saurait s'écarter de l'esprit de la loi susmentionnée. Encore faut-il que cette loi elle-même réponde aux exigences qu'impose son actualisation.

L'apport de la coopération avec les instances internationales du secteur est essentiel, dès lors que l'élaboration de ce document stratégique peut tirer profit des pratiques des autres pays.

Pour s'assurer donc que l'on tient le bon bout dans le processus d'élaboration de la politique nationale de la cybersécurité, il est judicieux d'intégrer les bonnes pratiques relevées auprès des institutions comme l'UIT et auprès des pays qui ont une longueur d'avance sur ce plan afin de capitaliser les expériences collectées.

3.3.3 Cultiver la mise en œuvre des systèmes d'information et de réseaux locaux au sein des organismes et des pme :

Il est à noter que le taux d'équipement en systèmes d'information et réseaux locaux chez bon nombre d'institutions et entreprises reste bas.

Continuer à accuser un tel retard, en particulier pour les administrations publiques peut s'avérer un handicap. Le secteur privé n'est guère mieux loti, surtout au niveau des PME.

L'absence de schéma directeur national de développement des équipements ne milite pas en faveur de la modernisation des outils connexes de production. Par ailleurs, cette absence fait le lit de la navigation à vue, donc des investissements inopportuns et totalement désarticulés sont susceptibles d'être réalisées.

Fort heureusement, l'établissement des réseaux locaux qui a commencé au sein des ministères laisse penser qu'une extension peut s'opérer jusqu'aux démembrements, si sa programmation garde le caractère prioritaire dans les budgets à venir.

Cependant, une autre paire de manches est l'extension jusqu'aux petites unités administratives. C'est là que la fibre déployée par l'opérateur historique peut jouer un rôle essentiel pour la connectivité de l'ensemble des unités de l'administration publique, y compris les petites.

Il va sans dire que les problématiques sécuritaires qui accompagnent l'extension du taux d'équipement en systèmes d'information et réseaux locaux de l'administration publique doivent être adressées dans le cadre de l'élaboration de la politique nationale de sécurité.

S'agissant des PME, il importe qu'une réponse globale aux besoins en équipement de système d'information et réseaux locaux soit apportée, de manière à faire doter la plupart d'entreprises de ces moyens modernes afin que l'arrimage numérique soit intégral.

Dans cette perspective, des mécanismes visant l'accès au financement de cette infrastructure de communication par les PME devront être mis en place.

Ils peuvent revêtir la forme de bonifications du coût du loyer d'argent accordées à ces PME, lorsqu'elles sont regroupées dans des formes du type, Groupements d'Intérêts Economiques des PME.

En tout état de cause, l'impératif d'arrimage au numérique des EPM qui constituent l'essentiel du tissu entrepreneurial va de soi. Des mesures incitatives sont alors à inscrire dans l'agenda des instances qui ont vocation à promouvoir leur développement.

3.3.4 Disposer des mécanismes d'investigation permettant de remonter une attaque jusqu'au présumé coupable

Dans le cadre de lignes de cyber défense réactive, l'absence de dispositifs d'investigation intégrés au système d'information et autre réseau local, annihile la capacité à remonter les sources d'attaques en temps réel.

Cette insuffisance vient du fait que la sécurité périmétrique fonde son action plutôt sur la réaction aux attaques et ne dispose donc pas de fonctions de remontée aux sources d'attaques

C'est pourquoi, il est judicieux de prévoir dans les dispositifs juridiques de cyber défense, les mécanismes de remontée en temps quasi réel vers la source d'attaques sur le système d'information et le réseau local.

Ces fonctionnalités permettent non seulement de déterminer la nature du code malveillant, mais surtout, de déterminer les cibles visées par l'attaquant.

En outre, cette approche proactive temps réel permet, dans le cadre d'une plateforme de sécurité à plusieurs modules intégrés, de mutualisé les informations entre plusieurs postes de travail, et de circonscrire l'impact de l'attaque au niveau d'entrée.

Ainsi, des dispositions juridiques visant à combler cette insuffisance devront être prises afin de réduire les délais entre l'identification des menaces et leur neutralisation.

3.3.5 Disposer des mécanismes juridiques pour la protection de données à caractère personnel et en particulier dans le cadre des Big Data

Les Big Data, littéralement métadonnées, parfois appelées données massives, désignent des ensembles de données structurées et non structurées provenant de sources diverses (image, texte et voix).

Ils deviennent si volumineux, que travailler en temps réel avec des outils classiques de gestion de base de données ou de gestion de l'information est rendu ardu.

L'explosion quantitative de la donnée numérique au niveau de l'économie appelle de nouvelles manières de voir et d'analyser le monde.

"*De nouveaux ordres de grandeur concernent la capture, le stockage, la recherche, le partage, l'analyse et la visualisation des données. Les perspectives du traitement des Big Data sont énormes et en partie encore insoupçonnées*"

Les usages et des applications étant variés, l'exploitation des Big Data touche aussi bien le secteur public que privé.

A ce sujet, l'analyse faite du Big Data présentée sous forme de Note de synthèse du Commissariat Général à la

Stratégie et à la Prospective17 tend à montrer que le traitement du Big Data,

"Jouera un rôle primordial dans la société de demain, car il trouve des applications dans des domaines aussi variés que les sciences, le marketing, les services client, le développement durable, les transports, la santé, ou encore l'éducation.

Par ailleurs, le potentiel économique de ce secteur est indéniable et les retombées en termes d'emploi et de création de richesse seront non négligeables"

Au final, cette analyse montre à suffisance, que les usages possibles de ces technologies seront en mesure de rendre la gestion des données plus efficiente, par l'amélioration soit au titre des services rendus, soit pour la prévention des phénomènes variés tels que les sinistres naturels, les épidémies, l'analyse de la tendance de la criminalité et bien d'autres.

Cette analyse montre également que des problématiques tels que : la garantie de la confidentialité et le respect de données à caractère personnel inhérentes, s'inscrivent au rang des menaces sécuritaires potentielles et, par ces motifs, appellent toute l'attention des différents décideurs

3.3.6 Mettre en place un laboratoire de référence pour le contrôle des effets électromagnétiques des installations de téléphonie

En référence à l'article(3) alinéa(2) de la loi suscitée , du fait qu'il mette en exergue la protection de la santé du personnel travaillant dans les installations des réseaux de téléphonie et pour lequel, le respect des seuils d'exposition au rayonnement électromagnétique est essentiel.

A ce sujet, il est important d'appeler l'attention sur les risques encourus lorsque ces derniers ne font pas l'objet de suivi basé sur une évaluation in situ des effets causés par lesdites installations.

L'on en vient à rappeler que la compatibilité électromagnétique déclarée de ces installations ne se décrète pas, elle participe plutôt du principe de précaution.

Lequel veut que, le niveau de pollution électromagnétique généré par un équipement n'atteigne pas les valeurs de nature à compromettre le bon fonctionnement des autres terminaux installés dans son voisinage.

En référence également aux dispositions de l'article (56) et alinéas suivants d'autre part, ce niveau ne doit pas affecter de manière préjudiciable, la santé du personnel et des divers usagers.

Ainsi, en l'absence de laboratoire de références internationales pour évaluer l'applicabilité de ces dispositions, force est de mentionner que toutes les supputations sur l'observation de ces dispositions relèvent simplement de l'alimentation de la chronique des faits divers.

Au regard de l'observation sus-évoquée, il est à se demander comment l'Administration publique peut-elle donc parvenir à faire respecter lesdites dispositions, aussi longtemps qu'elle n'aura pas mis en place de laboratoire de références

Celui-ci permettra de procéder en toute objectivité et sureté, aux vérifications desdits seuils, grâce aux différents essais d'immunité et analyses visés par la norme ISO/CEI/17025 ou d'étalonnage d'émissions des terminaux et installations des opérateurs de téléphonie.

In fine, l'installation de ce type de laboratoire devrait faciliter la conduite de divers types d'essais au nombre desquels, des essais fonctionnels pour déterminer le niveau réel de respect de la Compatibilité Électromagnétique des équipements installés.

Ainsi, il sera possible d'attester en connaissance de cause de la véracité ou pas, de l'aptitude d'un équipement à fonctionner correctement.

Dans une autre perspective, des essais de comportement au feu pour déterminer la résistance à l'effraction des portes blindées des Datacenter s'avèrent nécessaires, surtout lorsque ces entités commencent à fleurir dans le paysage des communications électronique.

Des contrôles sur sites pour évaluer la robustesse aux attaques cybernétiques des systèmes d'information, la validation de conformité des portes blindées des immeubles administratifs ou de domicile des particuliers appelle aussi la mise en place d'un tel laboratoire.

Puisse que ces essais de laboratoire viennent conforter la conformité réglementaire, alors ils doivent être regardés, comme condition sine qua non pour la délivrance de tout type de certificat d'homologation afin de revêtir l'estampille de conformité.

C'est à ce titre que seulement, la délivrance de certificats reflétera la réalité locale et non celle empruntée sur la base de la simple présentation de validation faite par des pays d'origine des équipements.

Comme pour conclure, l'importance de la mise en place d'un organisme national ayant entre autres compétences, la charge de définir le périmètre des accréditations de laboratoires, la portée et annexes techniques de ces accréditations, s'avère d'importance.

Cette entité est appelée formellement et précisément à énoncer le périmètre des activités pour lesquelles les laboratoires accrédités exercent.

La mise en place d'un tel organisme participe de la logique d'atteinte sereine de l'émergence digitale.

3.3.7 Mettre en place des dispositifs juridiques régissant le bruit, notamment celui déterminant les seuils in situ auxquels les populations ne devraient être exposées :

Par bruit il faudrait entendre, le son, qui peut être défini de deux manières :

D'une manière objective tout d'abord, c'est un phénomène physique ou simplement une onde sonore d'origine mécanique consistant en une variation de pression atmosphérique (très faible), de vitesse vibratoire ou de densité du fluide, qui se propage en modifiant de proche en proche.

L'état de chaque élément du milieu considéré, donne ainsi naissance à une onde acoustique.

D'une manière subjective également : il s'agit de la sensation procurée par cette onde, qui est reçue par l'oreille, puis transmise au cerveau et déchiffrée par celui-ci.

De toutes les ondes acoustiques, seules certaines peuvent être perçues par l'oreille humaine, il s'agit des ondes dont la fréquence est comprise entre 20 Hz et 15 kHz, voire 20KHz

En dessous de 20 Hz, on parle d'infrasons, et au-dessus de 20kHz, on parle d'ultrasons captables par les animaux tels que les chats à 65KHz et la chauve-souris à 500KHz.

Les mesures retenues sont de l'ordre des décibels. Le seuil de douleur se situant aux environs de 110-120 dB, un bruit de 150 dB entraîne la rupture du tympan".

Le bruit est donc considéré comme un ensemble de sons indésirables, gênants et potentiellement nuisibles à la santé.

A cet effet, il y a lieu de se rappeler le tintamarre causé par des discothèques à ciel ouvert orchestrées par les partenaires des opérateurs de téléphonie qui, à longueur de journée, délivrent de la musique entrecoupée par des plages publicitaires, inondant les oreilles de 8 h à 22h des décibels dont l'ampleur rivalise de nuisance avec des moteurs d'avion.

Ces partenaires contribuent peut-être, sans le vouloir, à faire des malades mais, de toute évidence, ils manquent à l'appel lors de la contribution aux frais médicaux.

Selon les Docteurs Suzanne et Pierre DEOUX, le bruit ne provoque pas de maladies spécifiques, mais crée de véritables malades par addition de ses effets physiologiques et psychologiques.

Entre 60 et 65décibels, le seuil de bruit supportable est atteint.

Au-delà, les sensations de l'environnement sonore peuvent se manifestées par :

- la perturbation du sommeil ;
- la fatigue physique ;
- la réduction des performances intellectuelles ;
- le stress physique ;
- la diminution de la productivité ;

- les troubles nerveux ;
- les troubles cardiovasculaires ;
- les troubles digestifs.[9]

La situation ainsi créée par l'absence de loi sur le bruit au Cameroun favorise des dérives de toutes sortes, à l'instar des ventes à emporter qui s'établissent en discothèques dont les murs ne sont pas insonorisés, deviennent des discothèques à ciel ouvert.

Malheureusement, ce ne sont pas les seuls adeptes au bruit, ils se recrutent aussi bien parmi les prédicateurs du samedi soir dans les stades de fortune que parmi les voitures de publicité des régies publicitaires professionnelles.

Il est à craindre qu'avec la croissance du nombre des opérateurs et la puissance des haut-parleurs, des divers supports musicaux dont la puissance des amplificateurs suit le progrès technologique, l'on n'assiste à une explosion du bruit et dont des maladies causées par le progrès technologique, si la loi encadrant ce type d'activités venait à trainer le pas.

3.3.8 Mettre en place des dispositifs juridiques de collecte, de tri et de recyclage des Déchets d'Equipements Electriques et Electroniques (D3E).

Le Cameroun avait ratifié la plupart de Conventions qui régissent la gestion des déchets d'équipements électriques et électroniques notamment :

- la Convention de Bâle ;

[9]*(18) -site du Ministère de l'Environnement, de l'Energie et de la Mer de la France.

- la Convention de Rotterdam ;
- la Convention de Stockholm ;
- la Convention de Bamako.

S'agissant de La Convention de Bamako adoptée en 1991 et entrée en vigueur en 1998, relative à l'interdiction d'importer en Afrique des déchets dangereux et du contrôle des mouvements transfrontières, il y a un gap qui n'est pas encore comblé du point de vue de la mise en œuvre et du suivi des mouvements de déchets qualifiés de dangereux.

"*Unanimement présentée comme une réaction des pays africains à la Convention de Bâle, elle ambitionne de faire de l'Afrique un sanctuaire, c'est - à - dire un espace géographique à l'abri de déchets étrangers*".

La pratique quotidienne jure avec ces dispositifs. L'histoire récente de la circulation de ces déchets en Afrique et au Cameroun ne semble pas être en adéquation logique avec cette ambition. Les montagnes de ce type de déchets qui jonchent les brocantes viennent se rappeler au bon souvenir de ceux qui sont en charge de ces questions.

Faut-il mentionner que dans certains ministères, des ordinateurs, imprimantes et autres photocopieurs arrivés en fin de vie, peuplent les magasins que les comptables matières conservent comme des reliques, attendant une hypothétique commission interministérielle pour les mettre en rebut.

Que ne voit-on pas dans les poubelles des grandes villes, lorsque les équipements électriques et électroniques arrivés en fin de vie, retrouvent une seconde jeunesse offerte par des mains expertes et inconscientes des dangers encourus.

En effet, au cours des manipulations des D3E, des métaux lourds sont émis dans l'air, sous forme de très fines particules absorbées par ces bricoleurs, à l'instar du Plomb, du Cadmium, de l'Iridium, et bien d'autres.

L'absence d'une réglementation spécifique et contraignante en matière de gestion des D3E, prenant en compte le principe universel de pollueur-payeur, qui aurait fait que les processus de collette, de tri et de recyclages de ces déchets, ne soient ni sauvages ni abandonnés au profit des personnes non formées à cet effet, pose problème.

Cette absence finit par favoriser l'exposition aux effets nocifs des populations et la dégradation de l'environnement, en particulier, des sols et la nappe phréatique.

Cette réglementation devrait aussi comporter des mesures d'incitations financières tendant à encourager les Start-up à se lancer dans des activités marchantes et innovantes qui existent autour.

Pour les vendeurs de ces équipements, veiller à ce que les collecte et tris des terminaux vendus puissent se faire sous versement de quelques subsides.

En tout état de cause, des mesures d'encouragements à l'endroit des Communautés Urbaines et des autres Collectivités Territoriales Décentralisées visant à accompagner ces entités dans la recherche de partenaires techniques et financiers, pour équiper leurs villes sont nécessaires afin d'inverser la tendance naturelle à se débarrasser de ces D3E chaque fois que l'occasion se présente.

Dans la même lancée, des unités de traitement et de recyclage des D3E devraient être mises en route afin de résoudre durablement cette problématique intrinsèquement liée au développement du numérique comme cela se fait dans les pays modernes.

Si la non prise en compte de ces déchets apparaît comme une source à problèmes pour la santé des populations exposées aux effets toxiques, leur prise en compte dans un cadre législatif et réglementaire peut devenir une source de revenus pour des populations et des Communautés urbaines.

Cela suppose que des mesures d'incitations financières soient correctement mises en œuvre pour accroître l'intéressement de ces Communautés à mettre en œuvre des dispositifs de collecte et de recyclage.

Au final, les D3E vont s'accroître proportionnellement à l'obsolescence programmée et l'acquisition des nouveaux équipements.

C'est pourquoi, des mesures urgentes pouvant durablement résoudre leur apparition s'imposent afin de réduire des risques de maladies liées à la propagation dans le voisinage des décharges, des particules fines nocives dues aux métaux lourds.

CHAPITRE IV
METTRE EN PLACE DES DIFFERENTS INSTRUMENTS DEVANT PORTER LE PROCESSUS D'EMERGENCE NUMERIQUE

4.1 Disposer d'une masse critique de compétences techniques et managériales suffisante

Les métiers des TI naissent le plus souvent au gré des avancées technologiques et, suivent parfois leur cycle de vie.

L'une des conséquences inopportunes de cette observation, est que la dynamique de l'innovation qui accompagne souvent la créativité et l'inventivité des porteurs de projets, ne se diffuse pas avec la même vitesse auprès des concepteurs de programmes de renforcement des capacités des ressources humaines dans les entreprises et dans les administrations, surtout dans nos pays subsahariens.

Ainsi, se dégage un gap entre les formations dispensées et les besoins réels nés de la volonté des entités à se mettre à niveau par rapport au progrès technologique à implémenter.

Cette inadéquation entre les emplois réels et les formations dispensées éloigne les perspectives d'atteinte de la masse critique des compétences.

C'est à ce titre que les DRH d'organisations sont interpelés pour mettre en place des dispositifs leur permettant de suivre les évolutions des profils qu'ils souhaitent incorporer dans leur plan de recrutement afin de répondre aux exigences de croissance de leurs structures.

En cela, ils disposent d'un vivier de compétences fournit par la diaspora et, en participant le plus souvent, aux journées portes ouvertes organisées par les grandes écoles d'ingénieurs et de gestion, il leur sera possible de combler ce gap structurel.

En outre, déplorant la faiblesse du tissu industriel dans le secteur des TI au Cameroun, l'on constate que les entreprises du secteur se bornent plutôt à offrir des services marchands, et ne se préoccupe pas encore de la production des équipements dont le marché a besoin.

L'une des conséquences de cet état de chose, est que, sur le segment de marché de la fibre optique par exemple, tout est importé.

Des connecteurs, la fibre noire, la main-d'œuvre pour la pose, la certification de la pose de cette fibre optique, la maintenance, pour l'essentiel de ces tâches, le secteur fait appel aux expatriés.

C'est pourquoi, afin de donner de la valeur ajoutée aux activités de ce segment de marché, surtout dès lors que le pays est engagé sur la phase montante du déploiement de cet outil de modernisation de son économie numérique., il importe que le secteur élabore sa politique de renforcement de capacité, en tenant compte de l'appropriation des technologies innovantes de nature à lui faire tirer profit de la valeur ajoutée qui existe potentiellement dans les déploiement des TI.

En attendant que l'expertise industrielle aujourd'hui insuffisante des opérateurs soit à la hauteur des besoins, l'élaboration des programmes des grandes écoles du secteur des TI au Cameroun gagnerait à rechercher des vrais partenariats à l'international afin de ne plus s'enfermer dans la dispense des cours pour des métiers éminemment désuets, qui sont totalement en inadéquation avec les exigences de R&D.

Sur un autre aspect, la sous-traitance internationale à laquelle ces opérateurs font appel pour les accompagner dans leur processus d'ingénierie en vue d'établir leurs divers réseaux, est une piste qui peut être expérimentée dans ce sens.

Ces opérateurs pourraient s'organiser afin d'encourager les grandes écoles à élaborer des programmes de formation en adéquation avec des besoins réels du marché, en organisant des conférences bipartites pour arrêter lesdits programmes.

Cette démarche participe de la recherche de mise en adéquation des besoins d'emplois des entreprises du secteur et des formations dispensées par les écoles.

Par ailleurs, en s'organisant de façon à ce que des séminaires animés par les experts internationaux relatifs aux technologies innovantes des TI soient sponsorisés par ces opérateurs, il devrait être possible que le gap sus évoqué trouve rapidement solution à la hauteur des attentes des performances.

Dans la perspective de l'amélioration de la part des services non marchands que les opérateurs du secteur pourraient laisser exécuter par les nationaux, l'élaboration des programmes de formation gagnerait à s'ouvrir en intégrant le know-how contenu dans les bonnes pratiques et normes internationales.

Pour ce faire, des Start-up pourraient être encouragées, chaque fois que se signe une convention, à nouer de véritables partenariats techniques à l'international, afin d'asseoir un cadre de transfert de compétence le plus vaste possible.

Une piste est également possible par la recherche systémique de progrès technologique auprès des pays qui ont réussi à implémenter une politique d'industrialisation leur ayant permis de générer de grandes richesses.

Sur ce dernier point, la coopération technologique avec la Corée du sud devrait sortir du cadre de dons d'équipements dont les effets bénéfiques n'impactent que le court terme et, s'engager véritablement sur le sentier de la production industrielle des équipements.

Dans cette même lancée, il pourrait être envisagé de conduire un pan de la coopération vers les USA, en l'enrichissant explicitement du volet technologique, afin de développer la Recherche et Développement pour certaines Start-up, grâce au concours hautement souhaité des prestigieuses universités, à l'instar du MIT de la ville de Cambridge dans l'Etat du Massachusetts.

Enfin, sans prétendre aborder la totalité de la question relevant de la coopération technologique, l'une des pistes pourrait conduire cette coopération vers l'Inde, à travers ses universités et grandes écoles de Bangalore dans l'Etat du Karnataka, notamment, en matière génie logiciel.

La nécessité d'avancer dans le processus d'émergence digitale du Cameroun à l'horizon 2025, conduirait à envisager des solutions palliatives dont l'une consisterait à fédérer le maximum de compétences techniques et managériales en matière des TI dont dispose déjà le Cameroun.

Ainsi, le réservoir immense de compétences dont regorge la diaspora pourrait apporter sa touche, à la condition que des mécanismes permettant son insertion soient mis en place.

Des journées portes ouvertes technologiques organisées par les grandes écoles dans les grands pays, peuvent être l'occasion pour les Ambassades du Cameroun, de repérer des compétences de la diaspora.

Dans cette perspective, Paris pour l'Europe, Washington pour les Amériques et Beijing pour l'Asie peuvent être mises à contribution pour le processus de promotion des Start-up montées entre les jeunes du pays et ceux de la diaspora.

Afin de créer le maximum de conditions de réussite de ce processus, un cadre institutionnel peut être mis en place pour ces jeunes, financé par l'Etat, un premier toilettage des projets des Start-up étant une des missions qui lui serait dévolue.

Ce cadre peut également revêtir le caractère de Technopole, de Centre d'innovation technologique et d'incubation des Start-up mise en œuvre conjointement par un partenaire stratégique avec le Minpostel. En ce qui concerne son financement, celui-ci peut être adossé sur une banque technologique dont la vocation est de contribuer à la mise en place et le financement de ces Start-up.

L'enjeu deviendra alors l'intégration de l'énorme potentiel véhiculé par les managers de ces Start-up dans le processus d'émergence digitale, en responsabilisant d'entrée certains de leurs promoteurs dans la banque.

4.2 Atteindre une offre énergétique de qualité/ quantité suffisante :

Au-delà des problématiques endogènes du secteur des TI, l'on note que ce secteur fait face à plusieurs problématiques exogènes qui impactent négativement sur ses performances en général et, sur la qualité de service et la tarification pratiquée par ses opérateurs en particulier.

Ainsi les problématiques identifiées du secteur énergétique se déclinent comme suit :

- Les coûts d'investissement sont lourds ;
- La faiblesse de l'attractivité du marché intérieur de ce secteur vis-à-vis des investisseurs étrangers ;
- La faiblesse de l'intégration sous régionale des réseaux de transport et l'étroitesse du marché domestique ;
- Les pertes techniques non négligeables constatés sur les réseaux de transport et de distribution (fraudes, maintenance insuffisante) ;
- Les délestages à répétition et des coupures aussi inopinées que durables ;
- Les sécheresses récurrentes qui affectent les capacités de production hydroélectriques, impactent sur la qualité des offres et créent des surcoûts tarifaires, du fait de l'exploitation par les opérateurs du secteur des TI, des milliers de groupes électrogène.

Ces insuffisances et bien d'autres font que les opérateurs d'énergie sont, pour l'instant dans l'incapacité structurelle à fournir une offre de qualité énergétique suffisante, malgré le potentiel hydroélectrique et d'ensoleillement important de la sous-région de l'Afrique Centrale.

Pour pallier ces insuffisances, l'Etat au Cameroun a engagé la rénovation et la construction de plusieurs barrages pour améliorer l'offre globale énergétique et, a entrepris de renforcer certaines infrastructures déjà en fonction dont Song-Loulou, construit en 1981 avec 388 MW, et qui nécessite une réhabilitation d'un montant de l'ordre de 11 milliards de FCFA.

Le secteur énergétique pour atténuer les effets dus à l'insuffisance de son offre et de sa qualité, a bénéficié de nouveaux investissements tels que: la centrale à gaz de Kribi, la centrale thermique de Yassa-Dimbaba, la centrale hydroélectrique de Mekin, toutes celles-ci injectent de l'énergie depuis des mois respectivement à hauteur de 220 MW,86 MW et 20 MW dans les réseaux de transport national, et d'autres comme Lom Pangar et bien d'autres s'apprêtent à le faire.

D'autres projets viendront enrichir la capacité énergétique totale nationale pour accompagner et soutenir la compétitivité des entreprises, à l'instar de Nachtigal avec 420 MW, de Song Dong avec 280 MW, de Makay avec 420 MW et bien d'autres.

En attendant leur mise en service, les opérateurs de téléphonie font appel à d'autres sources secondaires d'énergie, du type groupes électrogènes et énergie photovoltaïque pour leurs installations et en particulier, pour les relais.

C'est à ce niveau inopportunément que l'exploitation des groupes électrogènes impactent non seulement sur les tarifs en termes de surcoûts imputables sur les clients finals mais, également sur l'empreinte carbone.

Au regard du potentiel énergétique qui se met en place, il va sans dire que les perspectives d'industrialisation du secteur des TI, augurent des lendemains qui chantent, car, les besoins en capacité futurs de ce secteur sont grands, mais leur couverture s'avère envisageable.

Il en résulte qu'en adressant les problématiques du type, développement durable, énergie renouvelable, économie d'énergie et, surtout en prenant en compte les exigences qu'imposent les accords de niveau de services de qualité, la politique d'industrialisation du secteur des TI peut s'inscrire dans la promotion du know-how national renforcé par l'apport de la diaspora.

Une pareille approche est de nature à créer les conditions souhaitées pour les assemblages en première phase de petits équipements, des terminaux tels que les microordinateurs et serveurs, des imprimantes, des modems routeurs et la production de la fibre noire, des câbles et, vise l'accroissement de la valeur ajoutée globale du secteur des TI.

Dans la perspective de l'industrialisation du secteur, il importe naturellement d'intégrer la préoccupation de l'heure relative à l'empreinte carbone qui est loin d'être insignifiante dans le secteur des TI, en raison de l'utilisation des milliers de groupes électrogènes installés pour pallier l'insuffisance de l'offre énergétique. Cependant, reste qu'il y a à déplorer dans cette démarche, l'absence de la logique Green.

A l'immédiat, ces groupes électrogènes au gazole continuent à déverser des tonnes de CO_2 dans la nature sans que des dispositifs de son captage ni de son stockage soient mis en place.

Par ailleurs, il y a lieu d'encourager la prise en compte des mesures contraignantes visant la préservation de l'environnement et, applicables dans ce secteur, suivies de campagnes de sensibilisation lancées à cet effet pour diminuer l'impact carbone de ce secteur d'activités.

Au final, bien que cette offre énergétique se situe aujourd'hui en dessous des attentes, il est possible d'espérer que des dispositions prenant en compte globalement toutes les problématiques du secteur énergétique en rapport avec la compétitivité des entreprises du secteur des TI soient prises en compte. La balle est renvoyée vers l'élaboration des politiques sectorielles qui devraient se coordonner.

Ainsi serait relativisé l'avis d'après lequel, le secteur électrique subsaharien "*coûte*" encore en moyenne 2,5% au PIB, alors que les OMD le tablaient plutôt sur une croissance annuelle du PIB de 7,5% à 8% pendant 10 ans.

4.3 Eriger l'apport du progrès technologique au rang de priorité de la politique de gouvernance d'entreprise

En paraphrasant le Président Barack OBAMA, l'on en vient à dire que "*le secteur des TI n'a pas besoin de dirigeants forts, mais d'institutions bien structurées, bien organisées et dirigées par les managers portés sur l'impact de l'innovation technologique sur leur chiffre d'affaires*".

Une pareille démarche vise que le rôle de vecteur accélérateur des TI, fournisse la pleine capacité de son potentiel à l'économie numérique et, pour que les entreprises du secteur des TI, portent leur contribution à la croissance du PIB au niveau de deux chiffres à partir de l'horizon 2025.

Ainsi, se pose la question de l'apport véritable des entreprises concernant le processus de l'émergence digitale, surtout, lorsque certains dirigeants d'entreprises du secteur, passent le clair de leur temps à se gargariser d'avoir le bras long sans pour autant se départir de la vision courte qui aiguille les investissements réalisés, posture, tout compte fait, qui n'impacte qu'insuffisamment la croissance de la contribution du secteur au PIB.

Cette section va essayer d'emprunter quelques éléments de la Pensée Economique de *Joseph Alois SCHUMPETER*, éminent professeur d'économie à l'université d'Harvard entre 1932-1950, pour ce qu'il énonçait sur l'apport de l'innovation technologique, lorsqu'il la situait au centre de la dynamique de la croissance économique, afin de promouvoir au sein des entreprises, l'adoption du progrès technologique comme vecteur multiplicateur de leur chiffre d'affaires.

Selon cet émérite Professeur, *le progrès technique est l'ensemble des innovations qui entraînent une transformation ou un bouleversement des moyens et méthodes de production, de l'organisation du travail, des produits et des marchés, des structures de l'économie.*

A ce sujet, le potentiel d'innovation porté par certaines technologiques telles que celles qui apparaissent au niveau de la courbe *Hype du Gartner Group* est de nature à impacter le processus de la transformation digitale de l'économie de notre pays.

Au rang de ces technologies : la Blockchain, l'Internet des Objets, les Big Data, le Cloud Computing, et bien d'autres sont de potentielles niches de croissance économique et de bassins d'emplois, à la condition que l'adressage des segments de marché qui les adoptent, s'effectue selon les règles de l'art.

Afin de tirer le meilleur parti de ces potentielles niches de croissance, il s'avère utile d'opérer de véritables changements de paradigme de production, d'organisation socioprofessionnelle et de culture au travail.

Pour ce faire, il faudra que les méthodes de production, d'organisation de travail se réinventent et s'ouvrent à la culture du numérique.

De même que les ressources humaines acquièrent de compétences idoines nouvelles, que le Top mangement développe des capacités de proactivité et d'anticipation, que l'approche gestion partagée des responsabilités soit intégrée au quotidien.

Pour ce faire le Top management est appelé à jouer en harmonie avec ses collaborateurs, la partition musicale du chef d'orchestre avisé et acquis au service de la croissance du chiffre d'affaires de son entreprise et de sa contribution à la valeur ajoutée du secteur au PIB..

J.A. SCHUMPETER[10] fait remarquer que, *pour des cycles industriels, après une innovation majeure, l'économie entre dans une phase de croissance (création d'emplois), suivie d'une phase de dépression, où les innovations chassent les entreprises "dépassées", et provoquent une destruction d'emplois.*

Ce grand penseur pose *"que le fondement et le ressort de la dynamique de l'économie sont l'innovation et le progrès technique"*.

Dans ce contexte, que peut être la partition musicale à mettre en œuvre par les Start-up afin de participer efficacement à la mise en place de la symphonie pour la croissance du PIB et de l'Emploi au Cameroun ?

Qu'apportent la flexibilité de leur structure organisationnelle, l'inventivité et la créativité de leur équipe dirigeante, et surtout comment promouvoir leur capacité à s'approprier l'innovation technologique dans les brefs de délais pour en faire un vecteur accélérateur et, à quelles

---

[10], Capitalisme, socialisme et démocratie, Petite Bibliothèque Payot, 1974, pp 119-125.

conditions ? Sont-ce là quelques préoccupations qui méritent réflexions.

Quels sont pour le cas d'espèce, des ressorts sur lesquels une économie en voie d'émergence pourrait s'appuyer sur, pour lancer et faire croître sa composante économie numérique ?

Reste également que la politique d'intégration dans le tissu industriel des Start-up est à actualiser afin de rendre leur participation efficiente.

C'est pourquoi, la mise en place d'un cadre de concertation comme précédemment évoqué, qui peut s'établir au niveau ambassades de Paris pour l'Europe, de Washington pour les Amériques et l'Asie et l'Afrique, chapoté par un Comité interministériel, demeure ce premier maillon à même d'enclencher la dynamique espérée.

Les autres maillons du processus pourraient se dessiner au fur et à mesure du temps, après résolution de la problématique du financement partiel par l'Etat de ces Start-up.

L'occasion est alors propice pour explorer les voies et moyens permettant de mettre en place comme plusieurs fois mentionnées, une banque technologique dédiée au financement de ces Start-up, en examinant les possibilités d'abondement des ressources de cette banque à partir du FST et du FSE et, en procédant à la rationalisation de l'utilisation d'autres contributions de financements des bailleurs internationaux du secteur pour abonder cette banque.

In fine, c'est dire que la problématique centrale de l'émergence de l'économie numérique repose sur la capacité à faire porter son lancement par les Start-up, à celle qu'elles auront mise en place pour démocratiser les applications et les services innovants développés.

Celle-ci repose également sur la capacité des grandes entreprises à savoir s'approprier des portefeuilles de services intéressants de ces Start-up pour que la croissance de leur chiffre d'affaires soit confortée et, à l'adhésion de l'ensemble des acteurs à s'investir sur l'économie collaborative.

En d'autres termes, la pertinence et la cohérence des politiques nationales du numérique et d'industrialisation du secteur des TI que l'Administration des P&T aura au préalable élaboré, devront s'inscrire au rang de fondements sur lesquels, l'émergence digitale pourrait surfer afin de consolider son processus.

4.4 Savoir tirer profit des plateformes de dématérialisation :

4.4.1 Cas de certains pays subsahariens

Marquées par la faiblesse de leur taux de bancarisation, bon nombre d'économies subsahariennes ont désormais la possibilité de mettre à contribution le potentiel offert par des TI pour accroître ce taux.

En effet, prenant l'exemple du Kenya[11] classé au deuxième rang en Afrique subsaharienne dont le taux s'établitä42%, après la RSA avec 54% et suivi par le Nigéria avec 30%, l'on arrive au constat que ce pays est un creuset d'expérimentation réussie en matière d'appropriation rapide de plateforme de paiement cybernétique.

[11]The Global Findex Database 2014: Measuring Financial Inclusion around the World." Policy Research Working Paper 7255, World Bank, Washington, DC

La montée des abonnés de son produit Mobile-Pesa de Safaricom, filiale de Vodafone, tend à montrer que ce pays devient l'exemple à suivre pouvant conduire à combler rapidement le retard accusé par le taux de bancarisation du Cameroun comme il est fait état dans le rapport de la COBAC.

Selon le rapport annuel du GSMA12, le mobile money constitue la première étape vers la bancarisation des personnes à faibles revenus.

Par ailleurs, ce rapport fait également état du niveau d'implantation plus élevé du mobile money par rapport au réseau bancaire dans 19 pays subsahariens, avec une nette supériorité des comptes mobile money sur les comptes bancaires et, sur le nombre d'agences.

4.4.2 Sur le plan des services :

Un examen de la pénétration des services bancaires montre que la faiblesse de ce taux a un impact social et financier sur les institutions et les personnes physiques.

C'est pourquoi, bien mises en œuvre, les diverses plateformes dont celles de paiement peuvent contribuer à l'augmentation de l'accès aux services financiers, en plus des marges de progression que laissent entrevoir des nouvelles niches d'affaires pour des Start-up.

---

[12]2015, State of the Industry Report-Mobile" GSMA.

4.4.3 Amélioration du taux de bancarisation par la mise en œuvre des plateformes de dématérialisation :

Selon le rapport annuel de la COBAC de septembre 2014, le taux de bancarisation du Cameroun a connu une hausse passant de 4,5% en 2011 à 17,9% fin Décembre 2014.

Cependant, ce taux reste encore faible en comparaison avec la moyenne de la zone CEMAC de 20% et, devrait faire l'objet d'amélioration grâce à l'utilisation des terminaux de communications électroniques, à l'instar de ceux de la téléphonie mobile, de l'internet THD.

La diversification des plateformes dématérialisées sécurisées à partir desquelles s'opèrent des transactions électroniques a aussi son apport dans le processus d'amélioration.

Par ailleurs, il est fait état d'un taux de pénétration très faible du nombre de personnes par agence bancaire, soit une agence pour 149000 habitants.

La mise en place en zone CEMAC d'un certain nombre de plateformes, à l'instar du Groupement Interbancaire Monétique de l'Afrique Centrale est de nature à consolider la pénétration des services monétiques, à la condition de savoir en tirer profit pour l'intérêt général.

Ce dispositif technique d'interopérabilité, permet aux plateformes des établissements bancaires et de micro finances d'échanger les données de manière transparente, et il peut donc être à la source de l'amélioration des services de monétique. Les Fintech pourraient aussi jouer leur partition à ce niveau.

Dès lors, l'on peut assister à l'ouverture de nouvelles perspectives de développement de l'industrie financière et de création de Start-up spécialisées du type Fintech qui disposent d'énormes possibilités pour pallier la faiblesse du taux de bancarisation du Cameroun.

4.4.4 Fort taux de pénétration du mobile

La forte pénétration du nombre d'abonnés des réseaux cellulaires, avec près de 84% sur une population de plus de 24 millions d'habitants et, la bonne couverture du signal mobile dans les villes avec plus de 80% se présentent comme un avantage comparatif.

A partir de ce constat, le taux de bancarisation peut être renforcé par une forte implémentation des Fintech à la condition que l'adressage des besoins réels des populations en accès déficitaire des services bancaires et financiers se fasse selon les règles de l'art.

Pour l'économie sous régionale, c'est une opportunité d'une part, pour commencer à réduire la part de monnaie liquide qui circule et des coûts de transactions et de production due à la fabrication de la monnaie fiduciaire qui vont avec, et d'autre part, pour augmenter la crypto monnaie dans la masse monétaire.

Toutefois, les problématiques liées à la *Blockchain* commandent que les autorités en charge de la réglementation et des questions techniques liées à la cryptomonnonaie se penchent déjà sur ces questions techniques, et anticipent les dérapages susceptibles d'émailler le processus de son développement.

4.4.5 Au plan des salaires/pensions

Les différentes difficultés rencontrées par certains agents publics en service ou retraités sont variés pour entrer en possession des salaires/pensions sont réelles.

En effet, le constat qui se dégage lors de la perception des salaires/pensions de cette catégorie de la population, fait ressortir quelques-uns d'entre elles. Des préconisations de solution peuvent suggérer par la mise en œuvre des activités de Fintech.

Ainsi, l'on note :

- Des difficultés dans la récupération des bons de caisse (BC) par les bénéficiaires auprès des comptables publiques de la Direction Générale du Trésor ;
- De longues files d'attentes, dans les postes comptables et des banques lors des paiements de salaires/ pensions et, les pertes de temps qui vont avec ;
- Des Contraintes d'assignation des BC à des postes comptables spécifiques auxquelles s'ajoutent un coût de transport desdits bénéficiaires et toute la pénibilité qui va avec ;
- Des paiements tardifs dans certains postes comptables dus aux retards imputables à l'arrivée tardive du bordereau général d'émission (BGE) ou pour liquidités insuffisantes ;
- Le vol de bons de caisse et diverses agressions subies par les bénéficiaires.
- etc.

4.4.6 Au plan du coût des charges

Pour le traitement de la solde mensuelle des agents sus mentionnés, son coût global comprend un certain des frais dus aux documents et aux salaires de personnels directement rattachés à cette tâche. Il s'agit :

- Du coût du BGE ;
- Du coût d'achat du matériel et équipements informatiques (clés USB, CD-ROM, DVD-ROM, microordinateurs, Laptop...) ;
- Du coût de production des bulletins de solde individuel auxquels sont annexés les BC ;
- Du coût de distribution des documents sus visés ;
- Du coût de divers frais dus aux déplacements des personnels et pensionnés pour entrer en possession des bulletins de solde ;
- Du coût des papiers de bons de caisse (papier monnaie) ;
- Du coût de l'impression des BC et des bulletins ;
- De la charge constatée due à l'amortissement des différents équipements et matériels ;
- De la charge liée à la consommation électrique ;
- De La redevance des logiciels d'exploitation et leur maintenance ;
- Du coût lié aux salaires du personnel de production de ces différents documents.

La détermination du coût total lié au traitement mensuel des salaires et pensions est l'agrégation de ces coûts sur l'ensemble des postes comptables de la Direction Générale du Trésor.

4.4.7 Au plan des équipements déployés :

Les supports physiques et logiques utilisés pour traiter les différents documents (BC, BGE) sont à la date de l'inventaire répertoriés dans l'architecture ci-dessous reprise. Il s'agit d'équipements installés permettant d'effectuer le traitement mensuel par l'application ANTILOPE (Application Nationale de Traitement Informatique et Logistique du Personnel de l'Etat) installée au CENADI.

Les BC de salaires et pensions payés sur le réseau des postes comptables utilise l'application CADRE (Comptabilité Auxiliaire des Dépenses et Recettes de l'Etat.

Le traitement des salaires et pensions se fait au niveau du CENADI- Minfi, alors que les inputs viennent de certains ministères, à l'instar du Mindef, d'ANTILOPE et sont acheminés vers le CENADI par voie télématique.

La suite tente de présenter l'apport de la dématérialisation du processus de paiement des salaires et pensions de personnel de l'administration publique dans la lutte contre la fraude.

Cette démarche interpelle la nécessité de conduire une analyse la plus approfondie qui soit, permettant de dégager véritablement les avantages que comporte la dématérialisation des paiements de la solde par rapport au processus classique de paiement.

4.4.8 Au plan de la traçabilité :

Lors de la saisie des informations relatives au traitement des salaires et pensions, il est se peut que des erreurs volontaires puissent être introduites par des agents ayant maîtrisé quelques failles du système.

Leur ancienneté aidant, ces derniers peuvent entrer en intelligence avec des comparses extérieurs et exécuter leur forfait

In fine, le partage du butin s'effectue aussi longtemps qu'un contrôle ne vient pas démasquer le pot aux roses ; ce qui est valable pour le traitement des salaires et pensions, l'est pour tout type de dépense publique faisant l'objet de paiement.

Les conséquences coulent de source, la masse salariale ou les dépenses sans contrepartie obèrent la capacité financière budgétaire de l'Etat et, font la part belle aux mécanismes de fraude et déséquilibrent lesdits budgets.

C'est à ce niveau que l'on doit faire entrer en jeu la saisie automatique de toutes les données relatives au paiement de n'importe quelle dépense.

En effet, la saisie automatique implémentée sur tout poste informatique en charge de paiements, a le mérite de procéder à l'enregistrement automatique de toutes les opérations effectuées dans la chaîne de paiement ailleurs dans des serveurs hébergés en lieu tenu secret, en l'occurrence dans une salle blanche construite à cet effet.

Pour des besoins de sauvegarde de l'intégrité desdites données, l'entrée à cette salles blanche ne doit être autorisée qu'aux magistrats de comptes, aux inspecteurs d'Etat, ou toute autre personne dûment mandatée pour vérifier la sincérité, l'exactitude et la régularité de la nature des dépenses engagées au cours d'une période donnée.

L'avantage que l'on en tire est d'abord la dissuasion en amont, installée comme épée de Damoclès sur la tête des fraudeurs ; le but recherché est la réduction de la masse de ressources distraites.

En effet, dès lors qu'il est publiquement connu la possibilité de remonter à la source de toutes les malversations dont peuvent se rendre coupables certains agents indélicats, l'audit des opérations enregistrées automatiquement dans les serveurs de la salle blanche devient l'arme la plus efficace de lutte en amont contre la fraude, ainsi, celle- ci amorcera forcément sa descente d'un cran.

A partir de cet instant, la manifestation de la vérité sur la base, des audits réalisés par des personnalités compétentes sera faite sans accrocs et le dépistage des fraudes s'en trouvera significativement augmenté.

Les gains se dégagent par eux-mêmes.

4.4.9 Au plan de la fiabilisation des données

Elle est assurée par la dématérialisation de la procédure de paiement des salaires et pensions, l'enregistrement des données dont l'intégrité est assurée lors de la transmission des données.

En effet, du fait que la connexion aux serveurs du CENADI à une plateforme du type ci-dessous présentée, permet d'acheminer en temps réel, sous le sceau de la confidentialité des informations sur deux niveaux, en est le gage de la fiabilité des données, car un canal IPVPN Sec ou IPMPLS en assure l'intégrité.

4.4.10 Des salaires et pensions

Quand ils disposent d'un téléphone mobile, même de base, il leur est possible de recevoir de manière électronique des informations visant à créditer leur compte virtuel ouvert auprès d'une Fintech et dont la contrepartie s'inscrit dans les comptes d'une institution bancaire /micro-finance.

Au moment d'engager une opération d'achat ou de retrait des espèces, tout bénéficiaire d'un tel service, se présente soit, auprès d'un agent agréé par la Fintech qui peut être une station d'essence, une pharmacie, un commerçant, en possession d'un terminal adéquat fourni par la Fintech à cet effet, soit auprès d'une micro finance pour effectuer l'opération de son choix.

Le salarié/pensionné peut décider de toucher soit en espèce son salaire ou sa pension, soit se contenter de payer par crypto monnaie ce dont il a besoin.

A ce niveau, l'on fait remarquer que toutes les opérations se déroulent avec le système bancaire situé en back office comme cela va être décrit plus bas.

Le rôle du système bancaire et financier reste donc celui d'institutions où s'enregistrent et se compensent toutes les transactions effectuées par le canal de la plateforme comme par le passé, à moins qu'il en soit décidé autrement, par la mise place d'une plateforme supplémentaire de compensation des opérations de crypto monnaie.

En tout état de cause, une seconde source d'investigation s'établit donc au niveau de la plateforme et permet de ce fait, la consolidation des informations au titre de contrôle de conformité des opérations électroniques.

De la neutralité d'action de la plateforme de la Fintech.

Cette plateforme a vocation à faciliter l'exécution des transactions de salaires et pensions avec les tiers, qui s'enregistrent aussi dans les écritures des banques.

Pour leur réalisation, les bénéficiaires n'ont pas besoin d'interfacer avec quelques réseaux existant que ce soit.

En outre, la plateforme joue dans le sens d'augmenter la traçabilité et reste un troisième maillon de la chaine de vérification, à partir duquel, des audits de conformité des opérations peuvent être également conduits par les Magistrats de la Cour des comptes pour s'assurer de la sincérité et de l'exactitude des transactions mises en cause.

Le schéma suivant est une possibilité d'interfaçage entre la plateforme et le CENADI.

La plateforme est composée de trois sous parties.

Figure n°6 : Plateforme de connectivité de la Fintech/Minfi

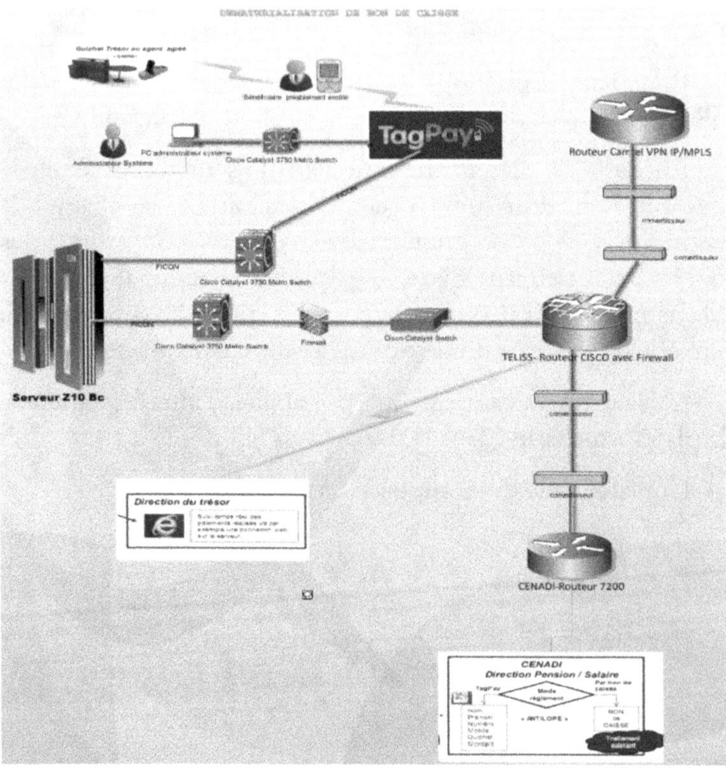

La première composante est un dispositif en FrontOffice connecté au CENADI par une liaison spécialisée du type VPN/IPMPLS sécurisée et destinée à l'acheminement bidirectionnel des informations entre la Fintech et le CENADI/Minfi.

La seconde composante de connectivité de la plateforme est un dispositif technique déployé en backoffice raccordé aux réseaux locaux de partenaires et de sa clientèle. Il comprend entre autres équipements :

- ✓ un média server ;
- ✓ un serveur d'application qui est relié au serveur d'e-mail pour la notification des transactions aux clients, au routeur de SMS pour la notification aux salariés /pensionnés des mouvements sur leur compte virtuel et, à l'interface en back office avec les partenaires et des banques par laquelle des informations à destination des comptes des commerçants, des usagers sont gérées.

Figure n°7 : Composante de connectivité de la plateforme de la Fintech avec la clientèle/réseau partenaire

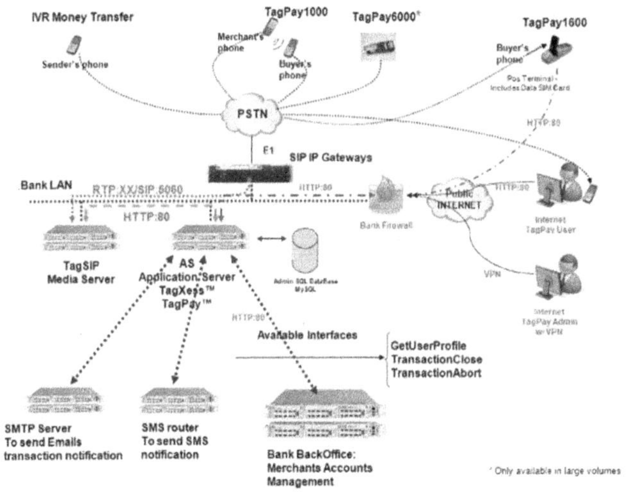

Source : Fintech Taggattitude

Le synoptique ci-dessous repris de la Fintech Taggattitude montre comment s'opèrent les transactions de l'intérieur de la plateforme vers l'ensemble des partenaires aux transactions électroniques.

Figure n°8 : sous-composante de connectivité de la plateforme de la Fintech avec le réseau bancaire/micro-finances

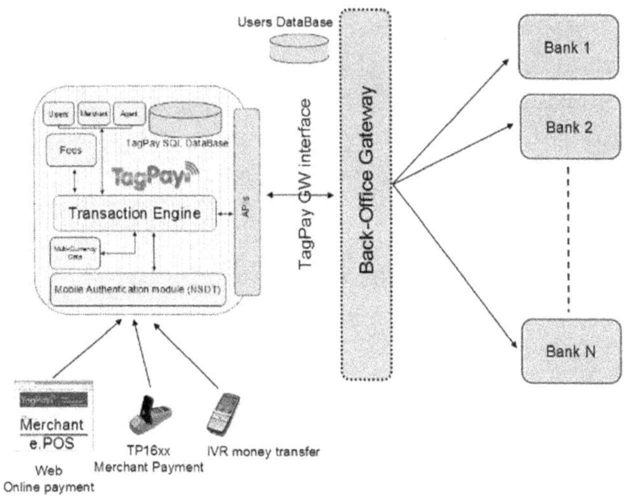

Source : Fintech Taggattitude

Le schéma ci-dessus repris montre la manière par laquelle cette sous-composante de la plateforme s'interface avec le réseau bancaire et financier, ainsi qu'avec le réseau de partenaires.

4.4.11 Des applications possibles

Disposant d'un poste téléphonique mobile de base ou haut de gamme et, muni d'un passcode, tout salarié /pensionné peut, à partir d'un terminal appelé TAGPAY utilisant la technologie sécurisée NSDT ou technologie de transaction mobile, engager plusieurs types transactions électroniques, dont le paiement par un terminal mobile.

Techniquement, le signal audio chiffré du TAGPAY permet la reconnaissance du poste téléphonique de l'intéressé grâce à la technologie Near Field Communication(NFC) ou communication de proximité entre son poste téléphonique et le terminal TAGPAY.

Grâce à ces deux techniques, le salarié/pensionné peut encore :

- Récupérer les espèces auprès de tout agent accrédité de sa localité ou d'ailleurs (agent du Trésor ; micro finance ; commerçant du quartier, pharmacie de la ville, station d'essence...) ;
- Effectuer les achats directement auprès d'une pharmacie équipée d'un terminal permettant de débiter le montant lui-même ou par l'intermédiaire d'un tiers de confiance ;
- Effectuer également des achats auprès d'un commerçant ;
- Procéder au paiement des analyses médicinales ou des honoraires médicaux auprès d'une structure sanitaire ;
- Transférer directement de l'argent de poste téléphonique à un autre poste téléphonique sans avoir besoin d'un prestataire de transfert de fonds quelconque, simplement en utilisant la fonction Wallet ou portefeuille électronique ;
- Payer les factures Enéo, CDE, Camtel …
- Payer les taxes fiscales, douanières ;
- Payer les tickets de train, d'avion, de bus ;
- Remboursement des emprunts auprès de micro-finance.

4.5 Du principe de fonctionnement

Puisse que cette plateforme permet de se connecter au réseau bancaire et aux micros finances grâce aux serveurs installés qui acheminent des informations sécurisées à travers un médium sécurisé, il devient aisé d'établir des communications, avec les serveurs du Ministère des Finances(CENADI), une liaison du type VPNIP/MPLS.

Le réseau de CAMTEL qui aboutit aux serveurs du CENADI, permet partir de l'architecture de la figure9, d'effectuer des transactions électroniques pouvant être suivies en temps en réel sur la chaine de l'écosystème existant, en particulier, toutes les opérations de paiement effectuées par les différents agents du Trésor.

A ce titre, des paiements des salaires et pensions deviennent transparentes pour de personnes autorisées.

4.6 Au final :

Au regard de ce qui précède, une telle plateforme vise à :

- Augmenter la traçabilité et la fiabilité des transactions, en particulier des opérations de paiement du Minfi, de la CNPS et de tout autre organisme ;
- Promouvoir l'établissement d'une culture du numérique sociétale ;
- Réduire les différents coûts de transaction liés au paiement du matériel des salaires et pensions, y compris celui relatif à la monnaie papier ;
- Alléger significativement la pénibilité de cette catégorie de personnel ;

- Améliorer le rendement des personnels qui perdent un temps fou pour toucher leur salaire dans certaines banques et micro finance de la place ;
- Consolider les méthodes d'investigation et de recherche de la manifestation de la vérité au cours d'un audit de conformité effectué par les autorités compétentes ;
- Combattre la fraude et la corruption inhérentes au paiement manuel et les faire reculer. Etc.

4.7 Implémentation progressive de plateformes :

4.7.1 Cas du COLEPS :

Le processus de dématérialisation des procédures de passation de marchés publics est en train de se mettre place de façon continue.

En effet, la Cameroon Online e-Procurement System (COLEPS) fruit de la coopération entre la République de Corée et la République du Cameroun est une plateforme de dématérialisation des procédures de passation et de suivi de marchés publics qui est en phase avancée de son installation.

Cette plateforme vise à établir l'amélioration de la célérité de traitement, de la transparence et de l'équité dans les accès aux DAO et des attributions de marchés publics au Cameroun.

Par ailleurs, c'est un instrument qui a vocation dans sa phase d'exploitation ultime, à lutter contre les malversations de tous ordres dans la gestion des marchés publics.

Elle entend être unc plateforme applicative Web à Guichet Unique qui couvre la plupart des procédures de passation des marchés publics en ligne, allant de la programmation à l'attribution.

Sa mise en service opérationnelle, est prévue d'ici à 3 ans, auparavant, d'autres modules applicatifs auront été implémentés, permettant entre autres, la soumission par téléphone.

Son site www.marchspublics.cm fournit plus d'informations

4.7.2 Cas du guichet unique du commerce extérieur (GUCE)

La plateforme du GUCE met en relation de manière virtuelle, les différents acteurs du commerce extérieur. Elle permet également, la réalisation des formalités dans des délais rapides et des coûts réduits, tout en garantissant la sécurisation des données, la traçabilité des opérations et l'optimisation des recettes.

Les accès se font sur la base d'une demande adressée au GUCE en vue d'ouverture d'un compte, l'obtention d'un identifiant et un mot de passe.

L'on peut se féliciter de l'évolution déjà réalisée par le GUCE visant à faciliter les transactions de Commerce Extérieur, ainsi ont été mis sur plateforme plusieurs types de formulaires au rang desquels ; figure la liste de procédure.

Le site web GUCE : http/www.guichetunique.cm fournit plus d'informations.

Conclusion

Au final, les problématiques abordées dans le cadre de cette analyse trouvent une esquisse de solutions autour de deux périodes.

Ainsi, au terme de l'examen des problématiques passées en revue, il y a lieu de relever que le propos dans ce cadre n'avait pas la prétention d'aborder la totalité des insuffisances, ni de solutions, d'autant que l'on s'attend à ce que le débat d'idées entamé, se poursuive.

A- *Phase de la transformation digitale des moyens de production sociétale*

Elle correspond à la phase au cours de laquelle, s'opèrent la mise à niveau de l'outil de production des institutions et l'acquisition de nouveaux outils pour les institutions crées, ce, en vue d'enclencher le processus d'émergence numérique.

C'est pourquoi, elle est marquée par la reformulation du paradigme de travail actuel, correspondant au lancement de la transformation digitale de l'arsenal de production des acteurs économiques.

Sa durée court de 2016 à 2020 et conduit à :

- l'élaboration des politiques manquantes ;
- l'élaboration des lois manquantes ;
- la mise en place d'institutions manquantes ;
- l'acquisition et l'implémentation des plateformes de modernisation, des outils de production et d'analyse prospective ;
- l'acquisition de la culture du numérique.

Pour la suite, l'exercice va consister à mettre en exergue des problématiques saillantes traitées tout le long de cette analyse, afin de contribuer de cette façon, à l'amorçage de leur résolution. Il s'agit de :

L'élaboration des politiques manquantes

Le constat tend à montrer que le schéma directeur, instrument de prédilection pour l'orientation stratégique permettant l'aiguillage de la prise de décision d'investir des projets TI, à ce stade, il fait défaut.

Son absence est de nature à impacter la visibilité et la lisibilité des investissements à mener sur le moyen et le long terme et, pourrait impacter à l'origine, la bonne prise de décisions et réduire la navigation à vue.

L'approche qui suit est une préconisation de solutions.

- *1. la politique de développement des infrastructures large bande aux fins d'établissement du très haut débit*

Du fait de l'absence sus évoquée, des emprunts extérieurs massifs nécessaires pour assurer le financement du déploiement de la fibre optique, ont été le plus souvent contractés sans études de faisabilité pertinentes et cohérentes, auxquelles seraient adossés des critères objectifs de retour sur investissement.

C'est pourquoi, il est important de doter le pays d'un schéma directeur auquel, seront attachées, des études de faisabilité de chaque projet, pour ne pas faire le lit à la navigation à vue susmentionnée, surtout quand il s'agit des projets d'investissements structurants de l'ampleur des infrastructures large bande du secteur des TI.

- *2. la politique tarifaire des services innovants*

Son absence ne milite pas en faveur de la démocratisation de l'internet large bande, car, la pratique de prix élevés qui a cours dans le secteur, n'augure pas de meilleurs auspices pour l'atteinte du taux de ménages à raccorder, arrêté par la stratégie sectorielle à 50% en 2020.

En effet, bon nombre d'usagers des services de communications électroniques s'interrogent sur l'effectivité de l'application de la disposition légale relative à la comptabilité analytique des coûts et, pensent que les tarifs pratiqués par les opérateurs du secteur des TI restent élevés par rapport à ceux des opérateurs des pays d'économie comparable au Cameroun.

A ce sujet, ils arguent que la pratique des tarifs promotionnels ajoute encore plutôt du flou dans la perception de la tendance baissière tarifaire souhaitée et, de fait, contribue à la dégradation de la qualité de service final rendu aux consommateurs.

C'est pourquoi, des orientations stratégiques prescrivant une tarification globale des services large bande aurait intérêt à figurer dans la politique tarifaire nationale.

Ses articulations pourraient s'effectuer autour d'un modèle qui prenne en compte, la structure standardisée des charges réelles à incorporer dans les coûts de production.

Cette démarche est, pense-t-on, de nature à établir la vérité des tarifs qui soient en conformité avec les cibles fixées dans le *Programme CONNECT 2020 de l'UIT.*

S'agissant de l'apport des Start-up, l'inventivité et la créativité qui caractérisent les managers de ces sociétés apparaissent comme des atouts avantageant la symbiose de compétences de l'ensemble des jeunes, diaspora comprise.

Sur ce dernier point, il est clair que ne bénéficiant pas des mêmes environnements didactiques, des décalages existent et, peuvent réduire l'efficacité des démarches communes de résolution des problématiques identifiées.

C'est pourquoi, l'Administration peut, par le canal du Minpostel et quelques départements ministériels impliqués dans la résolution de ces problématiques, nouer des partenariats véritablement gagnants.

Il s'agit de rechercher à nouer des partenariats avec des universités internationales reconnues, à l'instar du MIT où le professeur Neil Gersshenfeld a développé le concept de FABLAB ACADEMY pour permettre de mettre le pied à l'étrier de ces jeunes diplômés.

- *3. la politique d'industrialisation du secteur des TI*

A l'observation, il ressort qu'aucun pays au monde n'a réussi sa transformation digitale de ses moyens de production, en faisant l'économie de disposer d'une politique industrielle de ce secteur.

Se satisfaire simplement d'une industrie des services embryonnaires comme cela semble être le cas en ce moment, est une voie qui maintient l'économie dans la dépendance de l'importation des produits.

Ainsi, est-il envisageable de baser la politique d'industrialisation du secteur des TI, sur une vision stratégique qui se décline autour de points dont la pertinence et la cohérence conditionnent l'efficience de la mise en œuvre du processus d'industrialisation.

Il peut s'agir du :

4. Un -cadre législatif et réglementaire qui se veut attractif

La mise en place d'un cadre législatif plus riche vise à attirer des investisseurs institutionnels dans le secteur des TI pour accélérer le développement et la croissance du pays.

Evoquant l'accès aux ressources financières nationales des Start-up junior, il doit être facilité pour que leur participation soit effective au niveau des projets PPP, afin que le lancement de l'industrie d'assemblage d'équipements et de terminaux, de production locale de la fibre optique noire, soient rendus possible localement dans les délais compatibles avec l'atteinte de l'émergence digitale.

- *5. Renforcement de la coopération stratégique*

La démarche empruntée par des pays qui se sont développés dans le monde grâce à la diplomatie technologique, peut servir de fil d'Ariane pour d'autres pays.

L'on constate que cette démarche a ouvert la voie à certains pays d'Asie pour devenir des modèles de développement dans le secteur des TI, sans que leur structure culturelle ait eu à subir des modifications profondes.

Reste que pour notre pays, il semble s'agir de réadaptation du modèle de production et de l'enrichissement de notre culture au travail, si véritablement, notre modèle de développement socio-économique veut se hisser au niveau des pays à revenu intermédiaire élevé.

Dans cette perspective, la diplomatie technologique reste souhaitée, non plus pour continuer à courir après des dons et importer la main d'œuvre, mais, pour promouvoir véritablement le transfert effectif des compétences ; propres à porter les piliers d'une transformation digitale endogène.

- *6. Recherche et développement*

La R&D ne paie pas de mine dans nos grandes sociétés qui pour l'essentiel, sont des filiales de grands groupes internationaux.

Si une politique d'industrialisation doit se mettre en place, alors, l'action politique devra se mettre en quatre pour trouver les ressorts nécessaires à partir desquels, la R&D prendra son envol pour se placer en état d'appuyer le processus d'émergence digitale.

A ce titre, associer la diaspora et toute l'intelligentsia travailleuse de l'intérieur devient un facteur clé de succès, sans lequel, la R&D risque de ruer dans les brancards, et continuer d'être peu reluisante.

- *7. mise en place d'une banque dédiée au financement technologique*

C'est un secret de Polichinelle de dire que les banques nationales ont en aversion le financement long, qui plus est, quand il s'agit des Start-up nationales.

Certes, à l'exception de quelques opérateurs, filiales de grands groupes, pour lesquelles, les banques ne courent de risques que, parce que ces opérateurs ont pignon sur rue ; le reste de besoins en financement relatif aux Start-up, est invité à un parcours de combattants sans issue.

Constatant que le financement de l'économie nationale par le biais de l'intermédiation financière bancaire est parcimonieux, et que l'option de recours au marché financier pour couvrir les besoins, n'est pas non plus une sinécure car, les places financières internationales regardent la qualité de signature de entreprises, leur côte n'est pas suffisante pour décrocher des prêts à des taux dont le coût du loyer est modéré.

La conclusion devient aisée à tirer pour les Start-up. Elles ne peuvent avoir droit au chapitre.

Alors, reste la seule option objective, c'est-à-dire, la création d'une banque dédiée au financement des Start-up juniors pour pallier les insuffisances du système de financement classique.

- *8. L'élaboration de la politique de la cybersécurité*

Un grand pas avait été déjà franchi avec la loi relative à la cybercriminalité/cybersécurité promulguée le 21 décembre 2010.

Cependant, pour donner la visibilité indispensable aux entreprises leur permettant d'élaborer leur politique de sécurité, il est important que le Minpostel s'attelle à définir, les grandes orientations de sécurisation des systèmes d'information et des réseaux des TI.

C'est autour de ladite politique que, les institutionnels, les entreprises, les universités et autres entités vont se baser pour élaborer leur propre politique de sécurité, afin que la lutte contre la cybercriminalité qui n'a de cesse de se complexifier, devienne une symphonie dont chaque entité soit en mesure de jouer sa partition sécuritaire.

-L'élaboration de la loi manquante

Nonobstant la nécessité d'apporter des correctifs aux lois déjà prises dans le secteur des TI qui doivent se mettre à jour, à l'instar de la Loi 2010/013du 21 Décembre 2010 régissant les communications électroniques, il apparaît plus que jamais nécessaire, d'assurer la protection des données à caractère personnel en rapport avec l'exploitation des Big Data.

En outre, la répartition des revenus générés qui en résultent, doit faire l'objet de prises en compte au niveau des dispositions nouvelles à insérer dans la loi susmentionnée.

En effet, l'importance que revêtent les Big Data dans les mutations technologiques au titre de technologie d'avenir, est telle que, la non prise des mesures d'encadrement juridiques idoines, sera de nature à compromettre leur future exploitation, voire réduire le potentiel de profitabilité escomptée pour l'économie réelle.

Par ailleurs, il y a lieu de faire remarquer qu'une autre loi fait défaut dans le paysage législatif, et, son absence pourrait favoriser le développement laborieux de certaines activités liées au processus d'émergence numérique. Il s'agit de :

- *La loi régissant les activités dématérialisées*

Ainsi, l'importance de la loi régissant l'ensemble des activités de dématérialisation n'est plus à démontrer.

En effet, partant de la dématérialisation des procédures de passation de marchés publics, en passant par celles des actes médicaux, de la production des actes d'état civil, de la production des multicartes dématérialisées, jusqu'à la dématérialisation des moyens de paiements des services, toutes choses qui font que, l'absence d'une telle loi, de portée générale, risque de freiner le développement serein de l'ensemble des activités de plusieurs secteurs.

Des secteurs qui empruntent ce processus pour moderniser leurs outils de production, ou pour gagner des parts supplémentaires de marchés pourraient être confrontés à plusieurs types de problèmes.

De ce fait, il y a risques et énormes difficultés pour le développement des affaires.

C'est pourquoi, il est souhaitable que les actions déjà entamées bon an mal an individuellement par des départements ministériels, soient mutualisées, enrichies par l'apport de la société civile, des entreprises déjà engagées dans le processus de dématérialisation au sein d'un comité, comprenant également, celles qui n'ont pas encore entamé ce processus.

-Les Institutions manquantes

Les institutions dont il est question, concernent des agences de facilitation et de régulation, des entreprises parapubliques à mettre en place, afin de compléter le paysage institutionnel existant.

A cet effet, elles devraient avoir vocation à participer efficacement à l'édification du processus d'émergence digitale d'ici 2025 pour celles qui seront créés.

Pour ce faire, ces institutions complémentaires doivent briller par la pertinence et la cohérence des missions qui leur sont assignées, afin d'utiliser à bon escient, les ressources mises à leur disposition pour que le concours qu'elles apportent à la réalisation des objectifs globaux du secteur, soit tangible.

La présomption de leur efficacité ne saurait revêtir le caractère de chèque en blanc. A ce titre, c'est en posant brique par brique leur savoir-faire que la construction de leur efficacité sur l'échiquier s'établira, ce, chaque fois que leur objet social les aura interpelées.

Sur ce dernier point, c'est à la réalisation des objectifs précis et clairement définis, évaluables et le plus souvent évalués, que le maçon peut se targuer de son apport à l'édifice de construction de l'émergence digitale.

C'est donc à ce prix que la création d'institutions nouvelles ou la continuation d'anciennes institutions, vaudra la chandelle, car elles auront pu apporter la preuve de leur efficacité et de leur utilité dans le processus de transformation digitale du paradigme de production.

B-*Perspectives*

Cette phase est marquée par :

- La consolidation de la transformation digitale des moyens de production sociétale ;
- L'enracinement sociétal de la culture du numérique ;
- Le développement juxtaposé de nouvelles pratiques de l'économie réelle qui soient de nature à conduire vers la mise en place du processus d'émergence digitale en 2025.

Cette seconde phase qui court de 2021-2025, comporte des parcours de temps et d'activités imbriqués les uns avec les autres.

- *1. La consolidation de la transformation digitale des moyens de production de l'économie réelle*

Ainsi, l'évaluation et les correctifs apportés aux réalisations d'activités se rapportant à la mise en œuvre de la transformation digitale de la société s'effectuent durant la période 2021-2025.

Au cours de cette période, s'opèrent l'achèvement de l'implémentation des diverses plateformes technologiques, la mise à jour du cadre législatif et réglementaire supplémentaire, celle des institutions additionnelles, des moyens de financement incitatifs, la conclusion des partenariats stratégiques, du cadrage des actions, des reconfigurations d'orientations stratégiques de l'ensemble des Start-up sur lesquelles, reposent le lancement et l'envol du processus d'émergence digitale.

Au cours de la même période, s'effectuent les évaluations du niveau de pénétration du tissu industriel du secteur des TI, de manière à corriger sa trajectoire par rapport aux objectifs stratégiques assignés, tenant compte de la mise en œuvre des partenariats négociés- .

Ces derniers peuvent avoir porté au minimum, sur les assemblages des petits et moyens équipements d'exploitation, de maintenance, de production locale de fibre optique noire, de production de logiciels et développement d'applications diverses pour couvrir les besoins nationaux, à l'instar des applications produites par télétravail relatif au développement des codes sources pour satisfaire des grands groupes, réduire l'extraversion de la sous-traitance en même temps et, augmenter l'exportation du savoir-faire nouvellement acquis.

Le développement des contenus locaux devrait aussi être renforcé afin de couvrir les immenses besoins des différentes couches sociétales.

L'on fait observer qu'au cours de cette période, des brevets tombés dans le domaine public, des brevets en open source et ceux acquis à titre onéreux, devraient déjà venir nourrir la production des biens et services de base, dont l'économie numérique a besoin, afin d'asseoir la culture d'entreprendre chez les jeunes diplômés créateurs de Start-up.

2. *L'enracinement sociétal de la culture du numérique*

L'adhésion des acteurs à renforcer leur culture du respect des normes internationales pour chaque processus de production est un atout déterminant, sur lequel, l'accent doit être mis, afin d'asseoir la culture du savoir et, tourner définitivement le dos à la culture de l'approximation.

Cette période s'imbrique avec celle qui court depuis 2021 à 2023 et, présage la façon nouvelle d'approcher le processus de production des biens et des services rendus, remettant en cause, le paradigme classique de culture au travail qui a fait le lit de la culture de la débrouillardise.

Au cours de la dernière période 2022 à 2025, le renforcement des capacités des personnels en R&D et la diplomatie technologique avec les pays qui ont réussi l'implémentation de leur processus d'industrialisation des TI, doivent avoir été à même, de produire des effets pour servir de leviers à l'économie numérique en devenir.

A ce sujet, des séminaires d'appropriation et de démocratisation des technologies innovantes retenues à partir des informations fournies par le Hype du Gartner, doivent avoir permis au plus grand nombre, d'accéder au savoir dématérialisé véhiculé à travers le monde du numérique.

La diplomatie technologique avec des grandes universités à l'instar du MIT, Harvard, Berkeley, Standford devra avoir permis de constituer la masse critique des compétences nécessaire, afin que celle-ci rende effective, la symbiose industrielle permettant d'adresser les problématiques nées de l'obsolescence programmée des équipements et des logiciels.

L'apport de la diaspora participe naturellement du processus qui porte l'envol de l'émergence digitale, tant par son expertise technique que par sa capacité à mobiliser des ressources financières suffisantes. Reste à organiser son insertion dans les circuits économiques.

Cette culture renforcée du savoir du numérique acquise par des couches agissantes du pays, sera en mesure de conduire l'exploitation optimale des ressources fournies par des technologies innovantes et structurantes du potentiel des TI.

- *3. Le développement juxtaposé de nouvelles pratiques de l'économie réelle qui sont de nature à conduire vers la mise en place de l'émergence digitale en 2025*

La dernière phase est celle qui induit le changement de paradigme de moyens de production et du concours à la démocratisation de la gouvernance partagée.

A cette période, s'instaurent de nouvelles pratiques de collaboration et d'exploitation des synergies entre les différents acteurs, permettant de booster l'utilisation des données fiables sécurisés communes, de réaliser leur mise en exploitation et de satisfaire des besoins en information de l'ensemble des acteurs économiques.

Ainsi, la symbiose escomptée entre la transformation digitale des moyens de production de la société et le dynamisme impulsé par l'enracinement sociétal de la culture du numérique, est de nature à créer des conditions favorables à l'arrivée en scène, de nouvelles pratiques de l'économie réelle.

Ces dernières seront basées sur la nécessité sociétale de faire communiquer entre elles, dans les intérêts de tous et de chacun, des strates différentes d'activités de l'économie réelle, pour obtenir l'optimum de production des services et des biens dont les communautés ont besoin.

En d'autres termes, la capacité à tirer le meilleur parti du potentiel des TI déployées et, celle à fédérer, à harmoniser les synergies de quatre pôles de l'économie réelle, présagent la qualité et l'ampleur de sa croissance.

Ces quatre pôles de l'économie réelle s'articulent autour de :

- L'économie guidée par les données ;
- L'économie collaborative ;
- L'économie numérique ;
- L'économie du savoir.

Au final, l'objectif visé, reste la voie à emprunter pour booster la capacité des Start-up à porter leur contribution au secteur des TI à des niveaux significatifs , à celle des décideurs à insérer ces nouvelles entreprises dans le circuit économique national afin que, le potentiel de transformation digitale dont elles sont porteuses, se traduise en apport réel dans le processus d'approfondissement de l'économie numérique.

A cette date, l'émergence digitale devenant une réalité à l'horizon 2025, sa contribution à l'économie numérique pourra conforter le processus d'émergence globale du Cameroun à l'horizon 2035, parce que la transversalité de l'utilisation du numérique et l'économie collaborative auront fait, l'objet d'appropriation suffisante par les autres secteurs d'activités.

LISTE DES TABLEAUX

LISTE DES FIGURES

LISTE DES ABREVIATIONS ET DES SIGLES

COBAC :	Commission Bancaire de l'Afrique Centrale
COBIT 5 :	Objectifs de Contrôle de l'Information et des Technologies Associées V5
FABLAB :	Laboratoire de Fabrication
FINTECH :	Finances et Technologies
NFC.V2 :	Near Field Communication version2
NDST :	Near Data Sound Transfer
IAN :	Indice d'Accès Numérique
IDI :	Indice de Développement des TIC
INSEE :	Institut National de la Statistique et des Enquêtes Economiques
OCDE :	Organisation Coopération et de Développement Economiques
ODD :	Objectifs de Développements Durables
OMD :	Objectifs du Millénaire pour le Développement
OSPC :	Organisme de la Sécurité Publique du Canada
SITELCAM :	Société d'Infrastructures de Transmission Electronique du Cameroun
SI :	Système d'information
TI :	Technologies de l'Information
TIC :	Technologies de l'Information et de la Communication
UIT :	Union Internationale des Télécommunications
WORM :	white once read many

BIBLIOGRAPHIE

Ouvrage :

[1]-J.G DUMAS, J.L. ROCH, E.TANNIER, S.VARRETTE, *Théorie des codes : Compression, Cryptage, Correction. Duodi, 2009.*

[2]-T.AURET, L.BELEFIN et M.LOBLE-LAFFAIRE, *Sécuriser ses échanges électroniques avec un PKI : Solutions techniques et aspects juridiques. Eyrolles, 2002.*

[3]-T.EBRAHIMI, F.LEPREVOST et B.WARUSFEL, *Cryptographie et sécurité des systèmes et réseaux. Hermès, 2006.*

Textes :

1. Loi n°2015/006 du 20 avril 2015 modifiant et complétant certaines dispositions de la loi n°2010/013 du 21 décembre 2010 régissant les communications électroniques au Cameroun ;
2. Loi n°2010/012 du 21 Décembre 2010 relative à la cybersécurité/cybercriminalité au Cameroun.
3. Loi n°2010/013 du 21 Décembre 2010 régissant les communications électroniques au Cameroun.
4. Loi n°2010/021 du 21 Décembre 2010 régissant le commerce électronique au Cameroun.
5. Loi pour la confiance dans l'économie numérique (loi française-directive européenne 2000/31/CE)
6. Décret n°2012/1637/pm du 14 juin 2012 fixant les modalités d'identification des abonnés et des terminaux.

7. Décret n°2012/1640/pm du 14 juin 2012 fixant des conditions d'interconnexion, d'accès au réseau de communications électroniques ouverts au public et de partage d'infrastructures.
8. Décret n°2012/1641 du 14 juin fixant les conditions de portabilité des numéros des abonnés des opérateurs des réseaux de communications électroniques ouverts au public.

Documents :

1. Rapport COBAC 30 juin 2016
2. World Payments Report Edition 2015
3. Africa Internet User 2015
4. Whip paper Symantec complete Web Security, Janvier 2016
5. Tendances technologiques promoteurs pour 2016 Le Monde Informatique (Forester/Gartner)
6. Comment les technologies vont bouleverser la Banque Le Monde Informatique Juin 2016
7. COBIT5

Webographie :

1. www.spm.gov.cm
2. www.minpostel.gov.cm
3. www.minmap.gov.cm
4. www.guce.cm

TABLE DES MATIERES

Le Cameroun

aux éditions L'Harmattan

Dernières parutions

LE CAMEROUN À LA CROISÉE DES CHEMINS VERS LE DÉVELOPPEMENT
Les trois défis de l'émergence
Makon Richard
Préface de Jean-Emmanuel Pondi – Postface de Mathias Éric Nguini Owona
Dans le débat relatif à l'émergence, l'enjeu, c'est le développement. En effet, l'émergence est un processus, une dynamique, intégrant toutes sortes de mutations et de transformations ayant pour cap le développement. Convaincu de la pertinence du courant de pensée qui suggère une conception africaine du développement et de la modernité, l'auteur invoque dans ce contexte mouvementé trois préalables majeurs à l'émergence du Cameroun, qui sont pour lui autant de défis à relever afin de parvenir au développement de son pays : il s'agit du défi identitaire, du défi éducatif et du défi démocratique.
(Harmattan Cameroun, 21.50 euros, 208 p.)
ISBN : 978-2-343-11354-8, ISBN EBOOK : 978-2-14-002966-0

HISTOIRE POLITIQUE DU CAMEROUN AU XXe SIÈCLE
Bouopda Pierre Kamé
L'objet de ce livre est, entre autres, de rendre exhaustivement compte de la longue quête et de la conquête laborieuse des droits politiques, économiques et sociaux des Camerounais au XXe siècle. La première partie du livre est consacrée à la période coloniale. La deuxième partie rend compte de la gouvernance politique durant les années de la présidence Ahmadou Ahidjo et la troisième partie analyse la présidence de Paul Biya.
(Coll. Études africaines, 49.00 euros, 596 p.)
ISBN : 978-2-343-10469-0, ISBN EBOOK : 978-2-14-002361-3

LE RÉCIT DU DISCIPLE DÉCHU
Dénonciation et analyse d'un gouvernement despotique
Biwolé Atangana Charles
Sous l'aspect d'un immense pamphlet, cet ouvrage dénonce, en filigrane, le caractère ésotérique du régime en place au Cameroun, et le langage stéréotypé de son chef. Alternant récits et analyses, l'œuvre décrit, sous la forme d'une confession, les stratagèmes d'accession et de confiscation du pouvoir au Cameroun, dont les similitudes avec le cas du Nigéria semblent définir les causes de la menace islamiste au Cameroun.
(Harmattan Cameroun, 17.50 euros, 160 p.)
ISBN : 978-2-343-10144-6, ISBN EBOOK : 978-2-14-002170-1

CULTURE ET ÉMERGENCE D'UNE NATION
Pour une approche humaniste du développement au Cameroun
Omgba Richard Laurent
Cet ouvrage propose un ensemble de réflexions qui concernent l'avenir du Cameroun et de l'Afrique d'une manière générale. Ces orientations se situent dans le prolongement de celles proposées par le gouvernement camerounais. L'objectif de cette réflexion n'est ni de magnifier, ni de pointer l'absurdité du projet gouvernemental, mais de procéder à une évaluation sans complaisance des choix, des engagements et des ambitions, dans le but de conforter cette promesse d'avenir.
(Coll. Études africaines, 30.00 euros, 292 p.)
ISBN : 978-2-343-10538-3, ISBN EBOOK : 978-2-14-002278-4

LES FORMATIONS OUVERTES ET À DISTANCE AU CAMEROUN
Entre discours et réalités d'innovation
Cahiers africains de recherche en éducation 11
Fonkoua Pierre, Béché Emmanuel
Les TIC (Technologies de l'Information et de la Communication) contribuent au développement et à la diffusion des savoirs sous des formes plurielles. Ce mode de formation appelé *e-learning* ou Formation Ouverte et À Distance (FOAD) fait l'objet de discussions au niveau des organisations internationales, des États et des universités. Voici l'une des innovations qui marque le plus le monde de l'éducation, de la formation et de la recherche. (Articles en anglais et en français.)
(29.00 euros, 278 p.)
ISBN : 978-2-343-10238-2, ISBN EBOOK : 978-2-14-002297-5

CLIMAT ET RURALITÉ EN ZONES SOUDANIENNES ET SAHÉLIENNES DU CAMEROUN ET DU TCHAD
Sous la direction de Bernard Gonné et Bring
Le climat en général – et la pluviométrie en particulier – constitue l'un des facteurs essentiels qui conditionnent encore la pratique de certaines activités du secteur primaire dans les terroirs d'Afrique centrale. Cette situation se révèle plus critique dans les zones sahéliennes et commence à toucher les zones soudaniennes du Cameroun et du Tchad. La première partie de l'ouvrage traite des espaces ruraux en proie à l'évolution du climat, la seconde de la ruralité et de son adaptation aux changements climatiques.
(Harmattan Cameroun, 32.00 euros, 310 p.)
ISBN : 978-2-343-10290-0, ISBN EBOOK : 978-2-14-002292-0

LES BABITCHOUA
Parenté, chefferie et résistance aux Allemands dans le Sud-Est bamiléké
Lendja Ngnemzue Ange Bergson
Préface de Sa Majesté Antoine Tchoubia - Postface d'Alain Biamou
Les liens entre parenté et pouvoir sont au cœur de l'anthropologie politique et leur importance est ici décrite chez les Babitchoua du Sud-Est bamiléké, chefferie fondée au XIXe siècle par un groupe d'artisans du fer partis du nord du Cameroun pour fuir l'islamisation forcée du djihadiste Ousmane Dan Fodio. Dans ce livre,

l'auteur décrit le fonctionnement politique, les crises de succession et les luttes coloniales qui occupèrent les Babitchoua tout au long de ces deux siècles.
(Coll. Études africaines, 38.00 euros, 456 p., Illustré en noir et blanc)
ISBN : 978-2-343-09757-2, ISBN EBOOK : 978-2-14-001405-5

ÉMIGRATION INTERNATIONALE AU CAMEROUN
Des enjeux nouveaux aux nouvelles figures
Kamdem Pierre, Mimche Honoré
Comment comprendre les nouvelles figures de l'émigration internationale au Cameroun ? Quelles sont les tendances essentielles et quels en sont les enjeux ? A travers un prisme pluridisciplinaire, l'ouvrage propose d'appréhender les nouvelles figures de l'émigration internationale au Cameroun. Il met en exergue les déterminants sociaux, économiques et géopolitiques de la migration camerounaise vers d'autres pays non seulement africains, mais aussi de la planète en général.
(Coll. Études africaines, 35.50 euros, 490 p.)
ISBN : 978-2-343-08034-5, ISBN EBOOK : 978-2-14-001458-1

LES TRANSFORMATIONS DE LA FISCALITÉ LOCALE AU CAMEROUN
Belebenie Pierre
Les ouvrages sur la fiscalité locale au Cameroun sont d'une étonnante rareté, alors que le lien entre fiscalité locale et développement local est d'une évidence absolue. Cette monographie se focalise sur la fiscalité locale au Cameroun, mais il s'enrichit de modèles étrangers dont le Cameroun pourrait s'inspirer. L'auteur met en exergue les lacunes actuelles et propose une réforme orientée notamment vers l'amélioration des modes de financement des collectivités locales décentralisées.
(Coll. Études africaines, 49.00 euros, 594 p.)
ISBN : 978-2-343-09473-1, ISBN EBOOK : 978-2-14-001385-0

LES DÉFIS DE LA POLITIQUE DE RÉGÉNÉRATION ET D'AMÉNAGEMENT FORESTIERS AU CAMEROUN
Eloundou André Jules
C'est au cours de la décennie 1990 que le Cameroun a véritablement impulsé une réelle politique de régénération et d'aménagement forestiers. Pour relever les défis inhérents à un tel engagement, le Cameroun a pris l'option de la décentralisation de la gestion du patrimoine forestier à travers la création des forêts communales et communautaires. Le pays bénéficie du soutien des partenaires étrangers. Toutefois, la coopération internationale impose également sa part de conditionnalités.
(Harmattan Cameroun, 21.50 euros, 204 p.)
ISBN : 978-2-343-09376-5, ISBN EBOOK : 978-2-14-001456-7

CAMEROUN JARDIN SACRÉ DE LA DÉBROUILLARDISE
Sous la direction de Kengne Fodouop
Préface de Guy Mainet - Postface de René-Paul Desse
Au Cameroun, la population fait montre, pour assurer sa survie, d'un esprit de débrouillardise à toute épreuve, c'est-à-dire la quête effrénée d'opportunités, bonnes ou mauvaises. Même si certaines d'entre elles expriment un réel

dynamisme de la part de couches entières de la population, ces multiples pratiques qui perdurent ne constituent pas le gage d'une transformation en profondeur du Cameroun et de son accession, dans une vingtaine d'années, au statut de pays émergent.
(Coll. Études africaines, 39.00 euros, 484 p.)
ISBN : 978-2-343-06994-4, ISBN EBOOK : 978-2-336-39775-7

THE SILENT SPEAKER
Women and the moon
Kelaka Bernard
This book is about the moon its special relationship with every woman, everywhere on planet Earth. It also discusses the meaning, the implication, the consequences as well as the process, the genesis, the progress and the end of the menstrual cycles women experiences every month, every moon. This book relates the opinions of medical experts (gynecologists and obstetricians). unfortunately, the challenges of their profession are largely ignored by astrologers and philosophers who have very little to do with women's biological affairs and intimate medical care.
(Coll. Harmattan Cameroun, 18.50 euros, 172 p.)
ISBN : 978-2-343-07996-7, ISBN EBOOK : 978-2-336-39800-6

L'ÉVOLUTION ACTUELLE DU CAMEROUN
Wouako Tchaleu Joseph
Dans la société camerounaise d'aujourd'hui, le nivellement des valeurs par le bas a suscité le développement d'habitudes et de comportements dictés en référence à des valeurs archaïques. Il s'agit là des tares qui ont amené les Camerounais à détruire eux-mêmes ce qui représentait leurs instruments précieux dans la lutte pour l'existence. La systématisation du sectarisme dans certains domaines, la montée de la méchanceté dans les rapports entre les cadres eux-mêmes et la vision sectaire, rétrograde de la société, ont empêché la mobilisation des compétences nationales.
(Coll. Points de vue, 26.00 euros, 252 p.)
ISBN : 978-2-343-07160-2, ISBN EBOOK : 978-2-336-39515-9

L'INDÉPENDANCE DU CAMEROUN
Gloire et naufrage politiques de l'UPC
Bouopda Pierre Kamé
Pourquoi l'Union des populations du Cameroun (UPC), un mouvement nationaliste si large, si dynamique et progressiste, imprégnée d'une tradition anticolonialiste si forte, dans un Territoire placé sous le régime international de la tutelle des Nations unies, a recouru à la lutte armée dans la revendication de l'indépendance du Cameroun, alors que cet objectif était consubstantiel au statut juridique de ce territoire ? La réponse à cette question est le sujet de ce livre.
(Coll. Études africaines, 24.50 euros, 224 p.)
ISBN : 978-2-343-07302-6, ISBN EBOOK : 978-2-336-39481-7

L'HARMATTAN ITALIA
Via Degli Artisti 15; 10124 Torino
harmattan.italia@gmail.com

L'HARMATTAN HONGRIE
Könyvesbolt ; Kossuth L. u. 14-16
1053 Budapest

L'HARMATTAN KINSHASA
185, avenue Nyangwe
Commune de Lingwala
Kinshasa, R.D. Congo
(00243) 998697603 ou (00243) 999229662

L'HARMATTAN CONGO
67, av. E. P. Lumumba
Bât. – Congo Pharmacie (Bib. Nat.)
BP2874 Brazzaville
harmattan.congo@yahoo.fr

L'HARMATTAN GUINÉE
Almamya Rue KA 028, en face
du restaurant Le Cèdre
OKB agency BP 3470 Conakry
(00224) 657 20 85 08 / 664 28 91 96
harmattanguinee@yahoo.fr

L'HARMATTAN MALI
Rue 73, Porte 536, Niamakoro,
Cité Unicef, Bamako
Tél. 00 (223) 20205724 / +(223) 76378082
poudiougopaul@yahoo.fr
pp.harmattan@gmail.com

L'HARMATTAN CAMEROUN
TSINGA/FECAFOOT
BP 11486 Yaoundé
699198028/675441949
harmattancam@yahoo.com

L'HARMATTAN CÔTE D'IVOIRE
Résidence Karl / cité des arts
Abidjan-Cocody 03 BP 1588 Abidjan 03
(00225) 05 77 87 31
etien_nda@yahoo.fr

L'HARMATTAN BURKINA
Penou Achille Some
Ouagadougou
(+226) 70 26 88 27

L'HARMATTAN SÉNÉGAL
10 VDN en face Mermoz, après le pont de Fann
BP 45034 Dakar Fann
33 825 98 58 / 33 860 9858
senharmattan@gmail.com / senlibraire@gmail.com
www.harmattansenegal.com

www.ingramcontent.com/pod-product-compliance
Lightning Source LLC
LaVergne TN
LVHW010919061026
849535LV00007B/2142
* 9 7 8 2 3 4 3 1 0 8 6 8 1 *